Geneviève Susemihl, Rätselhafte Rundgänge – Bad Doberan und Heiligendamm für Entdecker

Geneviève Susemihl
Rätselhafte Rundgänge – Bad Doberan und Heiligendamm für Entdecker

Layout und Illustrationen: Tine Schulz, Rostock
Satz: KLATSCHMOHN Verlag, Druck + Werbung GmbH & Co. KG
Schrift: FF Prater von Henning Wagenbreth
Druck und Verarbeitung: Druckerei Weidner GmbH, Rostock
1. Auflage 2013
ISBN 978-3-941064-42-3

Quellenhinweis:

Bad Doberan mit dem Ortsteil Heiligendamm. Stadterneuerung und Stadtentwicklung im Wandel der Zeit.
Stadt Bad Doberan und GSOM (Hrsg.), 2002.
Rehwaldt, Helge, Bad Doberan/Heiligendamm: Kurort mit Tradition. Hinstorff, 1991.
Riek, Silvana und Eva Schürmann, Bad Doberan/Heiligendamm: Ein Portrait. Edition Temmen, 2007.
825 Jahre Kloster Doberan. Geschichte und Entwicklung des Klosters und der Stadt. Stadt Bad Doberan und GSOM, 2011.

Geneviève Susemihl

RÄTSELHAFTE RUNDGÄNGE

Bad Doberan und Heiligendamm für Entdecker

Klatschmohn Verlag

Ich heiße so:

und wohne hier:

Das bin ich (male hier ein Bild von dir):

Unterschrift

Vielen Dank ...

Drei Stadtrallyes entstanden gemeinsam mit Schülerinnen und Schülern der Regionalen Schule am Kamp in Bad Doberan. Für das Mitwirken bei der Ausarbeitung der »Kryptischen Klosterrallye« und Rätselgitter, der »Kniffligen Kamp-Rallye« und Rätselgitter und der »Rätselhaften Rallye quer durch die Stadt« bedanke ich mich bei Willy, Hannes, Ole, Mariko, Cindy, Tim, Fee, Robert, Sandra, Anna und ihrer Lehrerin Silke Zelk. Danke für euer Engagement und eure vielen Ideen!

Danke auch an Astrid Susemihl und Heribert Koth, die an lauen Sommerabenden das Manuskript geduldig gelesen und korrigiert haben und mit ihren umfangreichen Kenntnissen über die Geschichte Bad Doberans das Buch bereicherten.

Danke an Chiara, Ravn und Tahoe sowie die Schüler und Lehrer der Christlichen Münster-Schule Bad Doberan, die die Rundgänge testeten und manch kleine Ungereimtheit aufspürten. Ihr seid tolle Entdecker!

Über die Autorin

Geneviève Susemihl wuchs in einem kleinen Dorf an der Ostsee auf und besuchte die Schule in Bad Doberan. Anschließend studierte sie Literatur, Kultur, Soziologie und Erziehungswissenschaften in Rostock und den USA, promovierte und arbeitete als Wissenschaftlerin, Dozentin, Journalistin, Managerin, Tanztrainerin, Lehrerin und Autorin in Deutschland, Kanada und den USA. Weil man in der Wissenschaft aber meist ernste und weniger lustige Geschichten erzählt, begann sie vor einigen Jahren mit dem Schreiben von Kinderbüchern. Heute lebt sie mit drei Kindern, Mann und Katze Kitty in Bad Doberan.

Für Chiara, Ravn und Tahoe – meine tollkühnen Entdecker. G.S.

Liebe Entdecker,

erkundet ihr auch gern fremde Städte und unbekannte Orte? Löst ihr gern Rätsel und lest spannende Geschichten? Dann geht es euch wie mir, und dieses Buch ist genau das Richtige für euch.

Die zehn Schülerinnen und Schüler, die drei der Rallyes mitgestalteten, und ich – wir wohnen alle in Bad Doberan. Doch wir wollten mehr wissen über Land und Leute und stöberten in Bibliotheken, recherchierten im Internet, befragten Eltern und Großeltern und besuchten das Museum. Dabei fanden wir viele spannende Geschichten und Fakten heraus über Slawen und Mönche, Herzöge und Prinzen, Dampflokomotiven und Wassertürme, Moore und Sümpfe.

Meine Freundin Kristina zum Beispiel erzählte mir eine Geschichte über den Schwan im Münster. Der stand früher einmal auf der Säule vor der Kirche. Dann wurde er beschädigt und der Kopf brach ab. Kristinas Großvater reparierte ihn und um die Bruchstelle zu verdecken, setzte er dem Schwan eine Krone um den Hals. Doch bevor er ihn zusammen setzte, legte er einen Brief mit einem geheimen Wunsch in die Figur. Auf der Säule vor dem Münster steht mittlerweile ein neuer Schwan, doch bis heute weiß niemand, was Kristinas Großvater in dem Brief schrieb.

Vielleicht findet ihr auch spannende Geschichten, wenn ihr Bad Doberan und Heiligendamm entdeckt. Ich lade euch ein, mit historischen Persönlichkeiten auf rätselhaften Rundgängen die Stadt zu erkunden. Unterwegs warten spannende Fragen, Aufgaben und Rätsel zu den Gebäuden und Plätzen auf euch, die es zu lösen gilt. Nebenbei erfahrt ihr jede Menge Wissenswertes. Zwischendurch könnt ihr euch an kniffligen Knobeleien versuchen oder Geschichten und Legenden über die Stadt lesen. Und wenn ihr danach immer noch nicht genug vom Laufen, Suchen und Raten habt, findet ihr weitere Ideen für Schnitzeljagden und Rallyes am Ende dieses Buches.

Ich wünsche euch viel Spaß bei den rätselhaften Rundgängen durch Bad Doberan und Heiligendamm.

Eure Geneviève Susemihl

WAS IHR WISSEN SOLLTET:

GANZ WICHTIG IST: Das ist euer Buch, und es ist wie für euch gemacht. Ihr könnt (und sollt sogar) rumkritzeln, malen, ausfüllen und eure Fundstücke einkleben. Die vielen Zeichnungen sind alle zum Aus- oder Weitermalen gedacht. Zum Beispiel fehlt Bruder Bernhard, dem Mönch auf Seite 21, der Körper, und auf dem Meer in Charlottes Geschichte auf Seite 69 fehlen die Boote. Es gibt also viel zu entdecken.

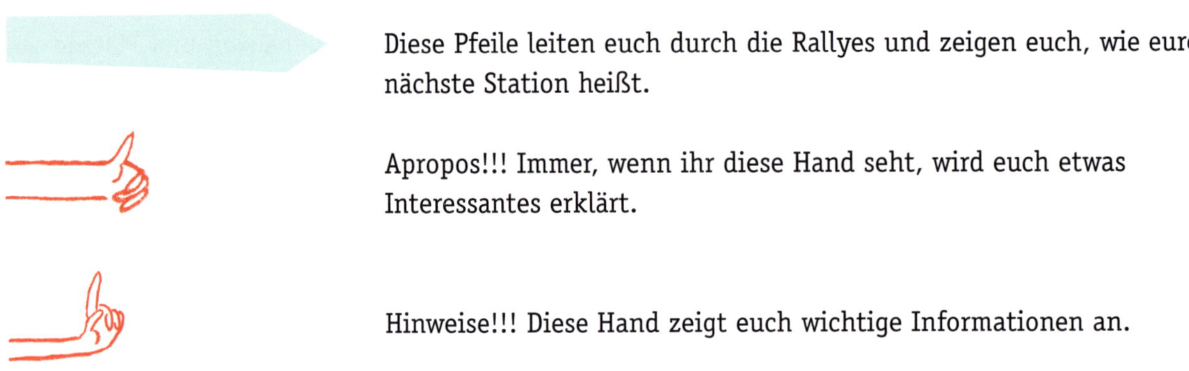

Diese Pfeile leiten euch durch die Rallyes und zeigen euch, wie eure nächste Station heißt.

Apropos!!! Immer, wenn ihr diese Hand seht, wird euch etwas Interessantes erklärt.

Hinweise!!! Diese Hand zeigt euch wichtige Informationen an.

In den verschiedenen Stadtrallyes werden euch eine Menge Fragen gestellt. Diese sind so aufgebaut:

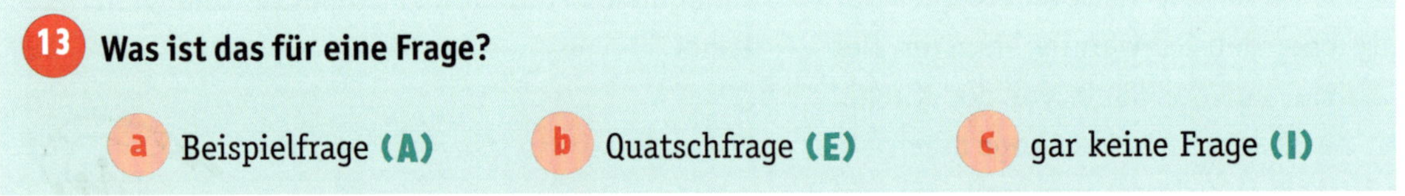

Die grünen Buchstaben sind die Lösungsbuchstaben und sehr wichtig. Kreist sie ein oder unterstreicht sie, und tragt sie in den Lösungsfeldern am Ende jeder Rallye ein. Gemeinsam ergeben sie einen Lösungssatz.

Die schräg geschriebenen Sätze zeigen euch, wo ihr eure nächste Station findet.

Anmerkung zu den Geschichten

Die Legende von dem Schwan und dem Hirsch, die Molli-Geschichte und die Legende vom Heiligen Damm wurden nach überlieferten Motiven von der Autorin neu erzählt.

WAS EUCH ERWARTET: Inhaltsverzeichnis

DARF ICH VORSTELLEN: Bad Doberan und Heiligendamm

Bad Doberan ist eine Kleinstadt an der Ostseeküste Mecklenburg-Vorpommerns mit ungefähr 11700 Einwohnern. Neben Heiligendamm gehören die Ortsteile Althof und Vorder Bollhagen zur Stadt. Vielleicht habt ihr es schon auf dem Ortseingangsschild gelesen: Bad Doberan ist ein staatlich anerkanntes Heilbad – seit über 200 Jahren. Jedes Jahr kommen hunderte Kurgäste in die Stadt, um sich zu erholen und gesund zu werden. Sie nehmen Moorbäder und genießen die heilsame Meeresluft.

Vom Slawenort zur Sommerresidenz

Bereits 1177, also vor über 830 Jahren, wurde der Ort als »villa slavica«, als Slawenort, in alten Dokumenten erwähnt. Damals lebten Slawen rund um den heutigen Ziegenmarkt. Als 1186 das Zisterzienserkloster gegründet wurde, ließen sich auch immer mehr christliche Handwerker in der Nähe des Klosters nieder. Im Jahre 1717 standen auf dem »Flecken« Doberan dennoch gerade mal 19 Häuser, fünfzig Jahre später waren es schon 61.

Mit der Gründung des ersten deutschen Seebades in Heiligendamm 1793 wuchs auch Doberan und wurde eine beliebte Sommerresidenz der Großherzöge von Mecklenburg.

Nach der Gründung des Seebades wurde am »Heiligen Damm« viel gebaut und Heiligendamm wurde das eleganteste Seebad Deutschlands. Viele adlige und berühmte Persönlichkeiten wie der König von Preußen Friedrich Wilhelm III. und der Komponist Felix Mendelssohn Bartholdy (1824), Kaiser Wilhelm I. (1875), Reichspräsident Hindenburg (1927), der Boxer Max Schmeling und der Schauspieler Hans Albers (ab 1933) verbrachten hier ihre Sommerfrische. Nach dem zweiten Weltkrieg war Heiligendamm ein Sanatorium.

Münster, Molli und Meer

Sicher habt ihr schon einige der Sehenswürdigkeiten der Stadt wie das Münster, die Bäderbahn Molli und die vielen historischen Gebäude rund um den Kamp entdeckt. Wenn nicht, empfehle ich euch einen Besuch des Münsters und des Stadt- und Bädermuseums. Zählt doch mal, wie viele verschiedene Tierabbildungen ihr im Münster findet!

Auch in Heiligendamm gibt es viel zu entdecken, und im Sommer ist hier richtig was los. Hunderte Badegäste tummeln sich in der »Weißen Stadt am Meer«, die direkt an der Ostsee liegt und einer der vornehmsten Badeorte Deutschlands ist. Die weißen Häuser entlang der Uferpromenade werden auch »Perlenkette« genannt.

Spielen, Speisen und Spaß

Besonderen Spaß werdet ihr sicher auf dem Spielplatz am Kornhaus haben. Eure Eltern können derweil eine Tasse Kaffee oder Tee und selbstgebackenen Kuchen im Kornhaus-Café genießen. Das Kornhaus und die Jugendkunstschule am Kornhaus bieten Kurse für Kinder und Erwachsene und viele interessante Veranstaltungen. Als Musikliebhaber besucht eines der Konzerte der Kreismusikschule »Friedrich von Flotow«. Außerdem gibt es ein Kino, eine Bibliothek, viele Galerien und eine Sommerrodelbahn in der Stadt.

Wenn ihr gern bummelt und einkauft, dann schaut doch mal im Buchladen oder im Spielwarengeschäft am Markt vorbei. Rund um den Markt, in der Mollistraße und auf dem Kamp könnt ihr euch danach mit köstlichem Kuchen oder Eis, frischen Brötchen und Keksen, Pizza, Pasta und anderen Speisen stärken.

Lauft ihr gern durch Wälder und Wiesen? Dann wandert ins Quellental oder durch den Kellerswald. Wenn ihr gern mit dem Fahrrad unterwegs seid, fahrt durch die Stadt oder entlang der Molli-Schienen nach Heiligendamm und haltet euren großen Zeh in die Ostsee. Oder ihr radelt bis nach Kühlungsborn zum Kletterwald. Wem das auf dem Rad zu weit ist, der nimmt sein Fahrrad in der Bäderbahn Molli mit nach Kühlungsborn. Interessante Ausflugsziele und Radwanderrouten findet ihr am Ende dieses Buches.

Feste feiern, wie sie fallen

Vielleich kommt ihr gerade zur rechten Zeit für eines der vielen Feste in Bad Doberan. Im Sommer ist hier beinahe jedes Wochenende etwas los. Im

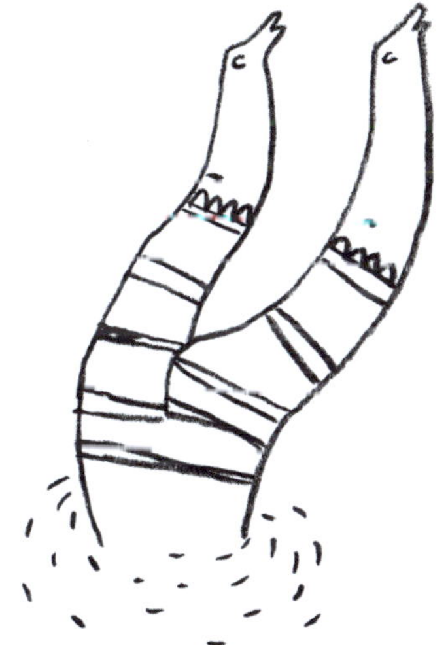

Frühling findet der jährliche Bikergottesdienst statt. Über 10000 Motorräder dröhnen und knattern dann durch die Stadt und auf einer Sternfahrt durch die Umgebung. Am 1. Juni feiern Kinder und Eltern ein großes Kinderfest auf dem Kamp, mit Bühne und Festprogramm, Hüpfburgen, Kletterwald, Glücksrad und bunten Ständen. Und das Beste: alle Stationen sind kostenlos, sogar Eis und Kuchen gibt's für Kinder gratis.

Pünktlich Anfang Juni wird die Badesaison mit dem »Historischen Anbaden« in Heiligendamm eröffnet. Ihr begegnet dem Großherzog Friedrich Franz I. und Erbgroßherzog Paul Friedrich nebst seiner reizenden Gemahlin Hoheit Alexandrine – hoffentlich mit dem nötigen Respekt. Und ihr seid eingeladen, selbst in historischer Badekleidung ins Meer zu springen. Auf dem Kamp wird danach gefeiert und herzoglich getanzt und getafelt.

Im August erlebt ihr schnelle Pferde, sportliche Jockeys, elegante Damen und grandiose Hüte beim großen Pferderennen auf der Galopprennbahn, dem Ostsee-Meeting. Während ihr auf das schnellste Pferd wettet, werden am Ladies Day die schönsten und ausgefallensten Hüte der Damen prämiert.

Auf der Rennbahn finden im Sommer auch die Schwanen-Rallye (die größte Oldtimershow Mecklenburg-Vorpommerns) und die Zappanale (ein großes Musikfest zu Ehren des amerikanischen Musikers Frank Zappa) statt. Viele Zappa-Fans reisen dazu sogar mit Kind und Kegel aus Australien und den USA an und zelten auf der Wiese neben der Rennbahn. Außerdem gibt es beinahe jährlich ein Molli-Fest, einen Mittelaltermarkt auf dem Klostergelände und viele andere Gelegenheiten zum Feiern. Sicher ist für jeden von euch etwas Aufregendes dabei.

KLEINE CHRONIK Bad Doberans und Heiligendamms

Aktuelle Informationen zu den einzelnen Veranstaltungen erhaltet ihr in der Tourist-Information im Rathaus und im Internet **(www.bad-doberan.de).**

1171 > Das Zisterzienserkloster wird durch Fürst Pribislaw im heutigen Althof gegründet.

1179 > Acht Jahre später wird es von Slawen zerstört, die sich gegen das Christentum auflehnen. Alle 78 Insassen werden getötet, nur Abt Konrad I. kann sich retten. Teile des Klosters werden vom Blitz zerstört.

1186 > Das Kloster wird durch Heinrich Borwin I. neu gegründet. Bischof Berno holt einen Konvent aus Amelungsborn nach Mecklenburg. Eine romanische Kirche wird gebaut. In der Umgebung siedeln sich Handwerker an einem Marktflecken an.

1291 > Die Kirche wird durch einen Brand zerstört. Danach wird mit dem Bau eines größeren, hochgotischen Backsteinbaus begonnen. Im Jahre 1368 wird die neue Klosterkirche durch Bischof Friedrich von Schwerin eingeweiht. Das Kloster entwickelt sich zum größten Kloster im Land.

1552 > Die Reformation, eine Erneuerungsbewegung innerhalb der Kirche, führt zur Spaltung des Christentums in verschiedene Konfessionen (katholisch, lutherisch, reformiert) und in Dobcran zur Schließung des Klosters. Dieses geht in herzoglichen Besitz über. Langsam verfallen die einzelnen Gebäude, und viele Steine werden als Baumaterial für neue Gebäude genutzt.

1637/38 > Während des Dreißigjährigen Krieges (1618–1648) verwüsten kaiserliche und schwedische Truppen Doberan und plündern das Kloster und den Ort.

1717 > In der »Vorstadt« Doberan stehen jetzt 19 Häuser. Der Ort wächst langsam, und fünfzig Jahre später sind schon 38 Häuser, 20 Halbhäuser und drei Buden registriert.

1793 > Herzog Friedrich Franz I. gründet das erste deutsche Seebad Doberan-Heiligendamm. Der Geheime Medizinalrat und herzogliche Leibarzt Prof. Dr. Samuel Gottlieb Vogel hatte dem Herzog Heiligendamm als ausgezeichneten Ort für ein Seebad empfohlen. Bäder nimmt man im Badekarren oder in der Badeschaluppe. In Doberan wohnen derweil nur 900 »Menschenseelen«.

1795 › Da nun immer mehr vornehme Herrschaften und der Herzog nach Doberan kommen, wird der Ort zur herzoglichen Sommerresidenz ausgebaut. Der »Englische Garten« im Klosterbereich und der »Kamp« werden angelegt, und ein neues Logierhaus wird eröffnet.

1801–1826 › Der Baumeister Carl Theodor Severin erschafft die das Ortsbild prägenden, klassizistischen Bauten in Doberan und Heiligendamm: das Salongebäude und das Großherzogliche Palais am Kamp, den Roten und den Weissen Pavillon, das Stahlbad (altes Moorbad) und das Kurhaus in Heiligendamm. Viele weitere Gebäude entstehen in Doberan, und die strohgedeckten Lehm- und Fachwerkhäuser müssen modernen Wohnhäusern weichen.

1819 › Doberan erlebt eine Weltsensation: Madame Wilhelmine Reichard (1788–1848), die erste Luftschifferin Deutschlands, steigt mit ihrem Ballon auf und landet nach 40minütiger Fahrt wohlbehalten – in einem Erbsenfeld.

1823 › Die erste Galopprennbahn in Deutschland und auf dem europäischen Festland wird zwischen Doberan und Heiligendamm eröffnet.

1879 › Friedrich Franz II. verleiht Doberan mit seinen 4500 Einwohnern das Stadtrecht. Die neue Stadt erhält auch ein Wappen.

1886 › Die Schmalspurbahn »Molli« fährt erstmals von Doberan nach Heiligendamm.

1889 › Das Gymnasium wird eröffnet und zu Ehren seines Gründers »Friderico Francisceum« genannt. Doch zunächst dürfen nur Jungen hier lernen.

1908 › Das »Glashäger Mineralwasser« wird in Röhren aus dem Quellental nach Doberan gepumpt und industriell abgefüllt. Zwei Jahre später wird das ausgezeichnete Wasser vom kaiserlichen Patentamt zum Markenzeichen erhoben.

1912 › Ein sportlich-technisches Großereignis macht in ganz Deutschland Schlagzeilen: der von der Reichsmarine unterstützte erste deutsche Wasserflugzeug-Wettbewerb. Vier Ein- und vier Doppeldecker führen ihre Fähigkeiten vor, vom Land und vom Wasser aus zu starten. Eine Woche lang bietet Heiligendamm tausenden Besuchern ein nie dagewesenes Spektakel von Flugleistungen, Pannen und Havarien. Zum Glück nimmt niemand ernsthaft Schaden.

1921 > Die Stadt Doberan erhält den Namenszusatz »Bad«.

1927 > Nun dürfen auch Mädchen das Gymnasium besuchen.

1945 > Am Ende des Zweiten Weltkrieges wird Bad Doberan kampflos an die Rote Armee übergeben und bleibt so weitgehend von Zerstörungen verschont. Die Sowjetische Militäradministration beschlagnahmt Heiligendamm.

1947 > Der neu gegründete Freie Deutsche Gewerkschaftsbund (FDGB) übernimmt Heiligendamm und betreibt das »Sanatorium für Werktätige«.

1950-1990 > Während der DDR-Zeit werden in Bad Doberan zahlreiche Schulen und die Wohngebiete Kammerhof und Buchenberg in Plattenbauweise errichtet. Viele historische Gebäude verfallen oder werden abgerissen. 1986 entsteht das Denkmal für die Helden und Opfer des Widerstandskampfes gegen das NS-Regime im »Englischen Garten«.

1990 > Seit der Wiedervereinigung Deutschlands entwickelt sich Doberan zu einer modernen, hübschen Kleinstadt mit neuen Schulen, Kindergärten, Sportstätten, Wohngebieten, einem neuen Rathaus und einer neuen Stadthalle. Viele historische Gebäude werden saniert und charmante Grünanlagen geschaffen.

2007 > Die Welt blickt auf Heiligendamm während des G8-Gipfels. Massive Sicherheitsvorkehrungen und breite Protestbewegungen begleiten das Treffen der Regierungschefs von Deutschland, Frankreich, Großbritannien, Italien, Japan, Russland, Kanada und den USA an der Ostsee.

2011 > Im Zuge der Kreisgebietsreform in Mecklenburg-Vorpommern verliert Bad Doberan den Status einer Kreisstadt. Fortan gehört die Stadt zum Landkreis Rostock, der aus den ehemaligen Kreisen Bad Doberan und Güstrow besteht. Die Kreisstadt ist Güstrow.

HERRSCHAFTLICHE HERZÖGE AM »HEILIGEN DAMM«

Auf unseren Rundgängen durch Bad Doberan und Heiligendamm begegnen euch so einige Großherzöge. Damit ihr nicht völlig durcheinander kommt, hier die wichtigsten im Überblick:

Karl Leopold (1678–1747)

war regierender Herzog zu Mecklenburg von 1713 bis 1728. Der Prinz residierte von 1707 bis zu seiner Thronbesteigung 1713 in Doberan und heiratete im Münster seine zweite Frau Christine, die ihn aber bald darauf wieder verließ.

Friedrich Franz I. (1756–1837)

war ab 1785 regierender Herzog zu Mecklenburg und ab 1815 Großherzog von Mecklenburg. Er gründete das erste deutsche Seebad in Heiligendamm und hatte seine Sommerresidenz in Doberan.

Paul Friedrich (1800–1842)

war der Enkel von Friedrich Franz I. und von 1837 bis 1842 Großherzog von Mecklenburg. Er verlegte die Residenzstadt von Ludwigslust nach Schwerin, heiratete 1822 Alexandrine von Preußen (Tochter von König Friedrich Wilhelm III.) und schenkte ihr 1840 das Alexandrinen-Cottage in Heiligendamm. Er trieb den Ausbau von Heiligendamm zu einem exklusiven Badeort voran, vergrößerte das Badehaus und errichtete neue Logierhäuser für die großherzogliche Familie.

Friedrich Franz II. (1823–1883)

war der Sohn von Paul Friedrich und Alexandrine. Er wurde nach dem Tod seines Vaters mit 19 Jahren Großherzog (1842–1883). Er reiste viel, u.a. nach Russland, Italien und in den Orient, war drei Mal verheiratet und hatte elf Kinder. Da er (wie alle mecklenburgischen Regenten) permanent eine leere Staatskasse zu verwalten hatte, verkaufte er 1873 Heiligendamm an eine Aktiengesellschaft, um Doberan ausbauen zu können. 1879 erhob er Doberan zur Stadt, und der Ort erlebte einen Aufschwung. Heiligendamm verlor derweil an Attraktivität.

Friedrich Franz III. (1851–1897)

war der Sohn von Friedrich Franz II. und seiner Frau Auguste und regierte als Großherzog von 1883 bis 1897. Er litt an Asthma und einer Herzkrankheit. 1879 heiratete er die russische Großfürstin Anastasia, die Enkelin des russischen Zaren. Er unterstützte Baurat Möckel, der von seinem Vater zur Restaurierung der Klosterkirche von Dresden nach Doberan gerufen worden war, bei dessen Bauaufträgen in Doberan und Umgebung. 1897 starb er unter mysteriösen Umständen in Cannes.

Friedrich Franz IV. (1882–1945)

war der letzte Großherzog des Landesteils Mecklenburg-Schwerin. Auch er wählte Doberan als Sommerresidenz. Er regierte vom Tode seines Vaters 1897 bis zur Novemberrevolution 1918. Nachdem er abgedankt hatte, entbrannte ein Streit um die Gebäude in Heiligendamm, doch da kein Amt die Finanzierung übernehmen wollte, nahm Friedrich Franz IV. seine Gebäude im Seebad wieder in Besitz und verbrachte viele Sommer am Heiligen Damm.

Karl Leopold hat seine Orden vergessen.
Hilf ihm und zeichne sie an seine Uniform.

KRYPTISCHE KLOSTER-RALLYE

ab 7 Jahren | Dauer: ca. 40 Minuten

Hallo, liebe Entdecker, ich bin Bruder Bernhard. Ich bin ein Mönch des ehemaligen Zisterzienserklosters in Bad Doberan. Kennt ihr schon die Gebäude rund um das Doberaner Münster? Nein? Dann möchte ich mit euch auf Erkundungsreise gehen. Auf unserem Rundgang müsst ihr verschiedene Aufgaben lösen. Spürt mit aufmerksamen Sinnen Dinge auf und lasst eure Köpfe rauchen. Vielleicht fragt ihr auch einige Einwohner oder Passanten nach den richtigen Antworten. Im Museum wird euch sicher gern Auskunft gegeben. Nach jeder gelösten Aufgabe erhaltet ihr einen Buchstaben und alle zusammen ergeben einen Lösungssatz.

So einfach geht's: Texte und Fragen zu den Gebäuden genau durchlesen, Lösungsbuchstaben **(X)** herausfinden, Buchstaben im Lösungsfeld auf Seite 24 eintragen. Fertig! Alles klar? Dann beginnen wir am Möckelhaus.

Das Möckel-Haus

Das Möckel-Haus wurde 1886 bis 1888 erbaut. Der Baumeister und Architekt Gotthilf Ludwig Möckel (1838–1915) lebte in diesem Haus, bis er starb. Seine bedeutendste Arbeit war die Restaurierung des Münsters (1883–1896). Nach seinem Tod erhielt die Stadt das Haus, um hier ein Museum einzurichten (1934). Nach Auflösung des Museums 1945 wurde das Gebäude zunächst ein Wohnhaus für Umsiedler, danach eine Landwirtschaftsschule. Kurzzeitig zog die Kreisvolkshochschule ein und danach eine Sonderschule (1958 bis 1980). Erst seit 1981 wird das Möckel-Haus wieder als Museum und Standesamt genutzt.

1 Wie nannte Möckel sein Haus?

a Dornröschenschloss **(B)** b Räuberhöhle **(A)** c Eispalast **(D)**

2 Was steht hinter dem Möckel-Haus im Garten?

a eine Garage **(J)** b eine Ruine **(K)** c ein Badekarren **(E)**

Am Münster setzen wir unseren Rundgang fort.

Das Doberaner Münster

Die Geschichte des Münsters begann bereits im Jahre 1171, als Zisterziensermönche ein Kloster in Althof bei Doberan gründeten. Dieses wurde allerdings zerstört. 1186 wurde das Kloster erneut gegründet, nun aber in Doberan. Dass das Kloster bald eine große Rolle spielte, seht ihr noch heute an der Größe und Schönheit des Münsters. Die Mönche stellten fast alles, was sie brauchten, selber her. Sie waren Bauern und Handwerker, Fischer und Imker. Leider können wir heute nur noch wenige Reste der ehemaligen Wirtschaftsgebäude sehen. Im Jahre 1552 wurde das Kloster aufgrund politischer Veränderungen innerhalb der Kirche aufgelöst. Der schöne Park rund um das Münster wurde von dem Ludwigsluster Hofgärtner Johann Heinrich Schweer als »Englischer Garten« angelegt (1793).

3 **Wie viele Türen hat das Münster?**

a 5 **(C)** b 6 **(T)** c 7 **(S)**

4 **Was hält der Engel über dem Haupteingang des Münsters in seinen Händen?**

a Kerze und Stab **(L)**

b Taube und Kranz **(I)**

c Feder und Kreuz **(E)**

5 **Schätzt doch mal, wie viele Backsteine für die Errichtung des Münsters verbaut wurden?**

a über 4 Millionen **(U)** b über 1 Million **(G)** c über 500000 **(H)**

Hinter dem Münster befindet sich ein kleines Gebäude, das wir uns genauer ansehen wollen.

Das Beinhaus

Hier steht ihr am Rande eines ehemaligen Mönchsfriedhofs. Diese wunderschöne Kapelle ist das sogenannte Beinhaus. Es wurde 1250 gebaut und diente zur Aufbewahrung von Skelettresten verstorbener Mönche, deren Gräber wieder belegt wurden. Der Innenraum ist reich verziert mit Wandmalereien, die nach mittelalterlichen Vorlagen 1880 restauriert wurden.

6 **Wie viele Seiten hat das Beinhaus?** a 8 **(N)** b 9 **(P)** c 10 **(U)**

7 **In welche Himmelsrichtung ist der Eingang ausgerichtet (Kleiner Tipp: Alte Kirchen sind häufig nach Osten ausgerichtet, d.h. der Chor mit dem Altar ist im Osten, und die längere Seite des Kirchenschiffes zeigt nach Westen)?**

a Osten **(O)** b Süden **(S)** c Westen **(D)**

Jetzt gehen wir zum ehemaligen Kornspeicher des Klosters – ein sehr gut erhaltenes Gebäude. Ihr findet es, indem ihr in die Straße »Klosterhof« gegenüber vom Münster hineingeht.

Das Kornhaus

Das Kornhaus ist eines der ältesten Gebäude Bad Doberans. Es wurde zwischen 1270 und 1280 gebaut. Die Mönche lagerten hier Korn, Wein und andere Lebensmittel. Im 19. Jahrhundert wurde es zu einer Schule umgebaut und bis 1978 lernten Schüler hier das Einmaleins. Danach wurde es als Pionier- und Schülerclubhaus genutzt. Fortan konnten Kinder und Jugendliche in diesem Haus ihre Freizeit verbringen und in Arbeitsgemeinschaften zeichnen, tanzen oder mit Holz bauen. Auch heute können Doberaner Kinder und Jugendliche hier in Kursen der Kinder- und Jugendkunstschule ihre Freizeit verbringen.

8 **Was befindet sich hinter dem Kornhaus?**

a ein Backofen **(A)** b ein Friedhof **(R)** c ein Baumhaus **(J)**

9 **Woraus ist das Kornhaus erbaut worden?**

a Backstein **(R)** b Holz **(A)** c Betonplatten **(V)**

Hinter dem Kornhaus ist ein Ort, an dem es im Sommer grünt und blüht. Dies ist unsere nächste Station.

Klostergarten

Als die Mönche aus dem Mutterkloster Amelungsborn (im März 1171) nach Althof kamen, fanden sie nur wilde Holzäpfel, Holzbirnen, wilde Kirschen und Schlehdorn vor. Zum Glück hatten sie Reiser für gute Obstsorten im Gepäck. Sie pflanzten Obstbäume und legten einen Garten mit Kräutern und Gemüse an. Vor einigen Jahren wurde hier, im ehemaligen Küchengarten der Mönche, nach alten Vorlagen ein 500 Quadratmeter großer Klostergarten angelegt.

Auf den Beeten des Gartens wachsen heute dutzende Heil- und Würzpflanzen, von Akelei und Bohnenkraut über Fenchel, Goldlack und Hopfen bis zu Koriander, Ringelblume, Zitronenmelisse und Zwiebel. Auf Schildern stehen neben dem modernen Namen der lateinische und der mittelalterliche Name der Pflanze. Nur im Winter sind die Beete nicht bewachsen.

10 Welche Pflanzen wachsen im Kräutergarten hinter dem Kornhaus?

a Möhren, Sellerie, Kohlrabi **(I)** b Gras und Schilf **(G)** c Minze, Thymian, Salbei **(B)**

11 Wie lautet der mittelalterliche Name der Pflanze Bohnenkraut?

a Satureja Montana **(F)** b Tanderich **(E)** c Bonenkruud **(W)**

Die Ruine gegenüber vom Kornhaus wollen wir uns als nächstes ansehen.

Wirtschaftsgebäude

Diese Ruine ist das ehemalige Wirtschaftsgebäude des Zisterzienserklosters. Es entstand um 1290 und ist fast 40 Meter lang. Es enthielt Vorratsräume, eine Brauerei, eine Brennerei, eine Mälzerei und die Klostermühle im Seitenflügel. An der Nord- und Südwand des Mühlenhauses könnt ihr noch die Durchlässe für den Mühlbach sehen, der einst das Mühlrad antrieb. Seit einer Brandstiftung 1979 ist das Haus eine Ruine, in der im Sommer Veranstaltungen stattfinden.

12 Wie viele offene Fenster hat die Frontseite zur Straße?

a 16 **(U)** b 20 **(I)** c 29 **(C)**

13 Wie viele volle Bögen befinden sich in der Mittelwand des Gebäudes?

a 15 **(A)** b 16 **(H)** c 17 **(T)**

Den Abschluss unseres Rundganges bildet die Klostermauer, die ihr rund um das Kornhausgelände sehen könnt.

Klostermauer

Die ab 1290 errichtete Klostermauer, die das Klostergelände umfasst, hat eine Länge von 1,4 Kilometern und eine Höhe von durchschnittlich 2,50 Metern. Sie ist die längste fast vollständig erhaltene Backstein-Klostermauer in Deutschland. In allen vier Himmelsrichtungen befinden sich Tore in der Mauer: im Westen das Haupttor mit dem Pförtnerhaus, im Norden hinter der Wolfsscheune das Kammertor, im Osten das sogenannte »Grüne Tor« (von 1795) und im Süden das Wirtschaftstor.

14 Schätzt doch mal, wie viele kleine Fußgängertore sich in der Klostermauer befinden?

a 2 **(R)** b 4 **(E)** c 10 **(U)**

Habt ihr die Lösung gefunden? Prima gemacht! Jetzt habt ihr euch eine Pause auf dem Spielplatz verdient und eure Eltern eine Tasse Kaffee im Kornhaus-Café. Wenn euch unser Rundgang gefallen hat, dann ladet doch eure Freunde zu einem Münsterrundgang ein. Bis zum nächsten Mal.
Euer Bruder Bernhard

Lösungssatz:

Der Grundsatz oder Leitspruch der Zisterziensermönche lautet auf lateinisch »Ora et labora«. Was bedeutet diese Ordens- und Lebensregel auf Deutsch?

_ _ _ _   _ _ _   _ _ _ _ _ _ _

1 2 3 4   5 6 7   8 9 10 11 12 13 14

Klebt hier eure Eintrittskarten für das Münster ein:

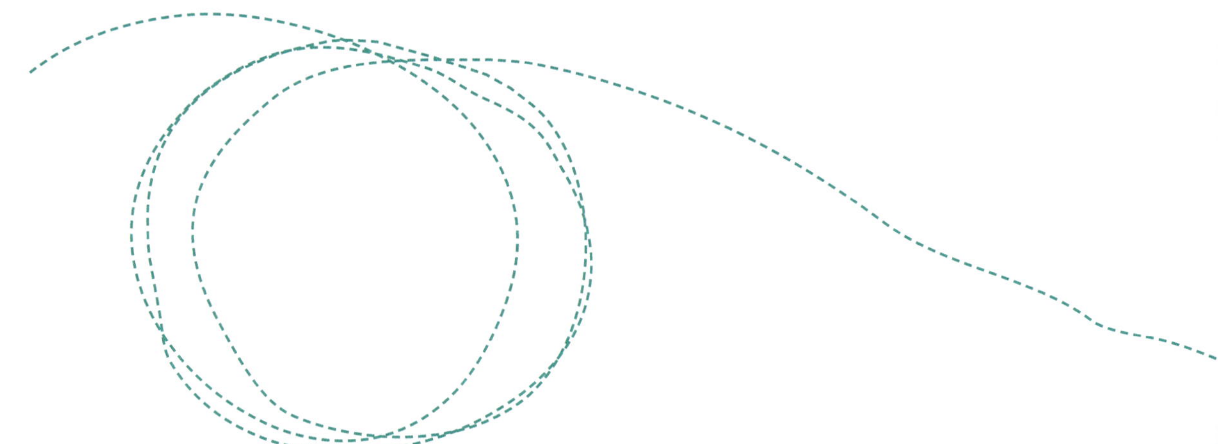

Rätselgitter

Findet die untenstehenden Begriffe. Sie können waagerecht, senkrecht oder diagonal stehen.
1. Möckelhaus, 2. Münster, 3. Mönch, 4. Kornhaus, 5. Beinhaus, 6. Rosengarten, 7. Ruine

R	M	A	B	C	D	E	F	G	H
O	Ö	Ü	Q	W	E	R	T	Z	U
S	C	B	N	O	L	K	E	H	D
E	K	A	E	S	Ü	M	N	Y	F
N	E	A	H	I	T	Ö	I	J	F
G	L	K	C	Ä	N	E	U	U	M
A	H	U	N	K	W	H	R	H	N
R	A	E	Ö	C	B	N	A	G	B
T	U	W	M	A	Z	T	O	U	V
E	S	K	O	R	N	H	A	U	S
N	L	H	B	S	I	S	Y	X	C

Verbinde die Zahlen miteinander. Was entsteht hier?

Die Legende von Schwan und Hirsch

Vor vielen hundert Jahren lebte einmal ein junger Mann namens Heinrich. Der mochte nichts lieber als die Jagd. Er kümmerte sich nicht um seine Bibelstudien, und er half seinem Vater nicht dabei, das Land zu regieren oder die heidnischen Slawen zu bekämpfen. Stattdessen liebte er es, durch die dichten Wälder zu streifen, das Wild aufzuspüren und zu jagen.

Eines Tages reiste er mit seinem Vater, dem Fürsten Pribislaw, an den Hof des Herzogs nach Lüneburg. Dort wollte Pribislaw an einem Turnier teilnehmen. Er war ein guter Lanzenkämpfer und hatte schon viele Turniere gewonnen. Auch aus diesem würde er als Sieger hervorgehen, da war sich Heinrich ganz sicher.

Der staubige Turnierplatz war gefüllt mit bunten Menschen, die gekommen waren, um den Wettstreit zu sehen. Als Pribislaw seinen Helm aufsetze, funkelte das silberne Metall in der Sonne. Stolz saß er auf seinem Pferd, die Lanze fest am Körper. Dann ritt er los, auf seinen Gegner zu. Plötzlich traf ihn die Lanze des Gegners an der Brust, er stürzte aus dem Sattel und fiel zu Boden. Ein Raunen ging durch die Menge. Heinrich lief zu seinem Vater, nahm ihm den Helm ab und trug ihn in den Schatten.

»Vater«, flüsterte Heinrich, »was ist geschehen?« »Heinrich«, sagte sein Vater, »ich bin getroffen und verletzt. Bald werde ich in das Reich Gottes gehen. Nun ist die Zeit gekommen, da du die Herrschaft in Mecklenburg übernimmst. Kümmere dich um das Kloster, das ich gestiftet habe. Der christliche Glaube soll wachsen und gedeihen. Und versprich mir, meinen Leichnam nach Hause zu bringen.« »Ja, Vater«, antwortete Heinrich. Darauf schloss sein Vater die Augen und starb in Heinrichs Armen.

Sobald Heinrich nach Mecklenburg zurückgekehrt war, erhoben sich die Slawen, die in der Nähe des Klosters lebten, gegen ihren christlichen Herrscher. Sie glaubten nicht an den einen Gott der Christen, sondern an ihre eigenen Götter. Das aufblühende Kloster wurde in Brand gesteckt und zerstört. Nur der Abt konnte sich retten. Heinrich, der soeben die Jagdsaison eröffnet hatte, ritt indessen mit seinem Gefolge durch die nahen Wälder.

»Das Kloster steht in Flammen», schrie er. »Wir müssen es retten.« Er preschte los und seine Männer hinterher. Als er das Flammenmeer erreichte, konnten sie nichts mehr ausrichten und mussten zusehen, wie das Kloster in Schutt und Asche versank. Heinrich, der wütend über seinen verdorbenen Jagdausritt war und noch wütender über das zerstörte Kloster, dachte an den letzten Wunsch seines Vaters. Er sollte sich doch um das Kloster kümmern. Zornig und laut rief er: »Dort, wo ich das nächste Wild erlege, werde ich ein neues Kloster errichten. Das gelobe ich.«

Bald darauf ging Heinrich wieder auf die Jagd. Der Wald war feucht und sumpfig und seine Begleiter versanken im Morast. Die Hunde waren aufgeregt, doch sie hatten bislang kein Glück gehabt. Nicht einmal einen klitzekleinen Hasen oder ein mageres Rebhuhn hatten sie erlegt. Plötzlich hörten sie ein Geräusch im Dickicht und ein tiefbrauner, eleganter Hirsch sprang hervor. Heinrich zielte und traf, der Hirsch sank zu Boden.

Kaum hatte Heinrich den Hirsch erlegt, fiel ihm sein Versprechen ein, das Kloster dort zu erbauen, wo er das erste Wild erlegen würde. Aber dies war ein Sumpf, viel zu feucht, um darauf eine Klosterkirche zu errichten. Das riesige Steingebäude würde im Moor versinken; es würde nicht mal ein Jahr stehen bleiben. In diesem Augenblick flog ein Schwan aus dem Röhricht empor und schrie: »Dobre, dobre.«

»Ein Zeichen«, rief einer der Jäger.

»Ja, dies ist ein Zeichen«, sagte Heinrich. »Dobre! Das heißt 'gut' auf slawisch. Dies muss trotz allem ein guter Ort sein. Wir werden das Kloster genau hier errichten.«

So wurde das Kloster neu gegründet. Das war 1186. Und die Klosterkirche versank tatsächlich nicht im Boden. Sie steht sogar heute noch, über 825 Jahre später. Diese Kirche ist unser Münster. Aus der umliegenden Siedlung wuchs später die Stadt Doberan – ein »guter Platz«. Der Schwan und der Hirsch wurden 1897 im Stadtwappen festgehalten, als Doberan das Stadtrecht verliehen bekam. Der silberne Abtstab auf dem Wappen symbolisiert den Bischof, das Bistum Schwerin und die christliche Kirche, die auch für Heinrich und seinen Vater so wichtig waren.

Wer waren Heinrich und sein Vater Pribislaw?

Pribislaw war ein Obotritenfürst und von 1167 bis 1178 Fürst von Mecklenburg. Er starb am 30. Dezember 1178 an den Folgen einer bei einem Turnier am Hofe Heinrich des Löwen in Lüneburg beigebrachten Wunde, sieben Jahre, nachdem er das Zisterzienserkloster in Althof gegründet hatte. 1219 wurde er im Doberaner Münster beigesetzt.

Heinrich Borwin I. war der Sohn von Pribislaw und Fürst von Mecklenburg bis zu seinem Tod 1227. Er gründete das Kloster in Doberan 1186 sowie die Städte Rostock und Wismar und weitere Klöster in Mecklenburg.

KNIFFLIGE KAMP-RALLYE

ab 7 Jahren | Dauer: 50 Minuten

Hallo liebe Entdecker,

ich bin Roberta. Mein großer Bruder ist der Laternenanzünder in Doberan. Heute muss ich mal wieder für ihn einspringen, weil er etwas vorhat. Ich kann mir schon denken, wen er treffen möchte ... seine neue Freundin. Jedenfalls, als es noch keine elektrischen Straßenlampen gab, beleuchteten Gaslaternen die Stadt.
In Doberan wurde 1907 die Gasbeleuchtung installiert und alle Gaslaternen musssten einzeln angezündet werden. Jeden Abend ging mein Bruder durch die Gassen und entzündete mit einer langen Stange die Gaslaternen. Ich kenne mich in der Stadt genau so gut aus wie er. Heute möchte ich mit euch die Geschichte der Häuser rund um die Park- und Grünanlage »Kamp« erkunden. Kommt ihr mit?
Auf unserem Rundgang gilt es, verschiedene Aufgaben zu lösen. Beobachtet aufmerksam die Gebäude, Straßen, Ecken und Winkel, und dann geht euch hoffentlich ein Licht auf. Nach jeder gelösten Aufgabe bekommt ihr einen Buchstaben und alle zusammen ergeben einen Lösungssatz.

So einfach geht's: Texte und Fragen zu den Gebäuden genau durchlesen,
Lösungsbuchstaben **(X)** herausfinden,
Buchstaben im Lösungsfeld auf Seite 37 eintragen. Fertig!
Seid ihr bereit? Wir beginnen am Rathaus.

Rathaus und Stadtverwaltung

Ob die Legende vom Lindenhof wohl wahr ist? Danach soll Herzog Karl Leopold seinen Jäger erschossen und aus Reue den Lindenhof der Witwe des Jägers vermacht haben. Das Haus wurde bis zum Ende des 19. Jahrhunderts als Gasthof genutzt. Später (1895) wurde es aufgestockt und zum Hotel umgebaut. Zu DDR-Zeiten wurde das Haus als Kreiskulturhaus genutzt. Heute arbeitet hier die Stadtverwaltung mit unserem Bürgermeister. Der »Blaue Salon« blieb erhalten und erinnert an frühere Zeiten.

1 Wie viele Stadtwappen befinden sich am Gebäude? Tipp: Achtet auch auf das Dach!

a 4 **(F)** b 6 **(A)** c 8 **(Z)**

2 Wie viele Blumenornamente sind am Haus zu sehen?

a 7 **(O)** b 8 **(P)** c 9 **(E)**

Wir gehen nun zum Nachbarhaus in Richtung Osten.

Haus Medini

Hier steht ihr vor dem »Haus Medini«. Gaetano Medini (1772–1857) war der Leibkoch des Großherzogs. Er kam aus Italien, aus Mailand, und war berühmt für seine Truthahn-Pastete. Es wird gesagt, dass er die Schokoladenmousse erfand. Vielleicht ließ Großherzog Friedrich Franz deshalb dieses schöne, von Carl Theodor Severin entworfene Haus für ihn erbauen, das 1825 eingeweiht wurde.

3 Welche Tiere sind in Ornamenten am Gebäude abgebildet?

a Löwenköpfe und Schwäne **(S)** b Frösche und Schlangen **(K)** c Hirsch und Pferd **(U)**

4 Welche Farbe hat die Haustür? a blau **(R)** b grün **(T)** c rot **(M)**

Unser nächstes Gebäude ist sehr beliebt, weil ihr dort die neuesten Filme in roten Samtsesseln sehen könnt. Und die Laternen davor müssen natürlich immer hell leuchten, denn die Menschen kommen gern hierher und studieren die Filmplakate.

Kino

Wusstet ihr, dass 1919 das erste Kino in Doberan eröffnet wurde? Allerdings nicht an dieser Stelle. Dort, wo heute unser Kino steht, befand sich um 1800 eine Büdnerei. Nach mehreren Besitzerwechseln wurde das Gebäude 1938 von dem Lichtspielbesitzer Johannes Lange gekauft. Er riss das Haus ein Jahr später ab und baute ein neues Kino, die »Kamp-Lichtspiele«, die 1941 eingeweiht wurden.
Heute bietet das Kino 240 Gästen Platz.

5 Wie viele Türfensterbögen hat das Kino?

a 2 **(S)** b 3 **(D)** c 4 **(Y)**

6 Wie heißt das Kino?

a Kamp-Theater **(E)**

b Cinestar am Kamp **(N)** c Kamp-Lichtspiele **(H)**

7 Was befindet sich im Erdgeschoss?

a Fotoatelier **(O)** b Restaurant **(R)** c Galerie **(J)**

8 Was befindet sich im Keller? a Copy Shop **(F)** b Spielhalle **(A)** c Toiletten **(D)**

Das Land Mecklenburg und unsere Stadt wurden vor vielen hundert Jahren von einem Großherzog regiert, der hier ein Sommerhaus hatte. Welches Gebäude könnte das sein? Richtig, das große weiße Palais an der Kreuzung. Lasst uns dorthin gehen und die Laternen entzünden.

Großherzogliches Palais

Das Großherzogliche Palais entstand 1806 bis 1810 nach Plänen Severins als Sommerresidenz für die großherzogliche Familie. Der untere Saal des klassizistischen Gebäudes wurde zwölf Jahre später übergeben. Die obere Etage blieb zunächst unvollendet. An der Gartenseite befand sich das Frühstückszimmer des Großherzogs. Die Wände dieses »Ovalen Saales« schmückt eine französische Bildtapete, die in Paris hergestellt wurde (ca. 1815). Sie zeigt auf zwölf Motiven die Liebesgeschichte von »Amor und Psyche«. Heute finden im Saal Konzerte und Lesungen statt.

9 Wie viele Säulen hat der Eingangsbereich?

a 4 **(O)** b 6 **(G)** c 12 **(B)**

10 Wie viele Kinder braucht man mindestens, um die Eingangssäulen zu umfassen?

a 1 **(Ü)** b 3 **(B)** c 6 **(C)**

11 Wie viele Stufen gibt es rechts an der Seite des Gebäudes?

a 18 **(E)** b 20 **(H)** c 22 **(C)**

12 Wie viele Fenster hat die Rückseite des Gebäudes?

a 20 **(V)** b 44 **(R)** c 50 **(L)**

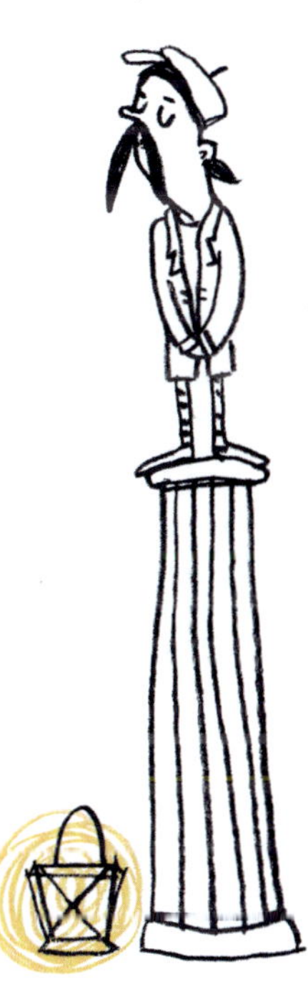

Das Nachbargebäude auf der rechten Seite ist unser nächstes Ziel.

Großherzogliches Salongebäude

Schon wenige Jahre nach der Gründung des ersten deutschen Seebades in Heiligendamm konnte das Logierhaus, das einzige Hotel der Stadt, dem Ansturm der Badegäste nicht mehr standhalten. So wurde genau daneben 1802 das Großherzogliche Salongebäude von Baumeister Carl Theodor Severin errichtet. Es war sein erstes Bauwerk. Später (1821) wurde ein großer Empire-Festsaal zur Gartenseite hin angefügt, der 250 Sitzplätze bot und als Speise-, Tanz- und Konzertsaal diente. In dem Gebäude waren außerdem eine Konditorei und an der Straßenseite einige kleine Läden untergebracht. Seit 1879 wurde das Gebäude als Rathaus und heute als Verwaltungsgebäude durch den Landkreis genutzt. Der Saal bietet noch immer einen eindrucksvollen Rahmen für klassische Konzerte.

13 Wie viele Quadrate befinden sich auf der Eingangstür?

a 36 **(A)**

b 48 **(E)**

c 56 **(I)**

14 Was für eine Abbildung ist über der Eingangstür angedeutet?

a Sonne **(N)** b Mond **(O)** c Sterne **(D)**

Gleich nebenan befindet sich ein vornehmes Hotel. Kommt, lasst uns dort im schwachen Lichtschein meiner Laterne einige piekfeine Hotelgäste beobachten.

Logierhaus

Hier steht ihr vor dem ältesten Hotel an der Ostseeküste. Das Logierhaus war das erste Gästehaus, das nach der Gründung des Seebades Heiligendamm errichtet wurde. Der spätbarocke Fachwerkbau wurde von dem Baumeister Johann Christoph Heinrich von Seydewitz errichtet (1795/96). Mit seinen damals 40 Fremdenzimmern, einem großen Saal, einem Konversations- und Lesezimmer und den nötigen Stallungen war es sehr geräumig und geschmackvoll für die Badegäste eingerichtet. Sogar der Herzog hatte einige Jahre eine Wohnung in diesem Haus. Zeitweise befand sich hier auch die Doberaner Spielbank. Auch heute wird das historische Gebäude als Hotel genutzt.

15 **Wie viele Fenster befinden sich im Dach an der Vorderfront?**

a 7 **(K)** b 8 **(E)** c 9 **(B)**

16 **Welche Hausnummer hat das Gebäude?**

a Nr. 1 **(E)** b Nr. 2 **(R)** c Nr. 4 **(A)**

17 **Nach wem wurde das heutige Hotel benannt?**

a Friedrich Franz **(L)** b Johann C. H. von Seydewitz **(F)** c Gotthilf Ludwig Möckel **(H)**

Die Baumeister Möckel und Severin mussten viel rechnen, und alles im Kopf, denn Taschenrechner gab es damals noch nicht. Wie die Baumeister müsst ihr nun rechnen, um unsere nächste Station zu finden: **64 : 8 – 1 = __**
Die Lösung verrät euch die Hausnummer des Gebäudes in der Straße »Am Kamp«, gleich gegenüber von eurem jetzigen Standpunkt, das wir als nächstes aufsuchen wollen.

Haus Am Kamp

Als Severin die prachtvollen Bauten auf der östlichen Seite des Kamps errichtete, brauchte er keine Rücksicht auf vorhandene Häuser zu nehmen, denn rund um den Dorfanger standen nur bescheidene Hütten. Um 1850 waren dann auch die Nord- und Westseite geschlossen mit Wohn- und Logierhäusern bebaut, von denen die meisten heute noch stehen.

18 **Schaut euch das Haus Am Kamp 7 genau an.
Welcher Teil des Gebäudes an der Vorderfront könnte »Ochsenauge« genannt werden?**

a die Haustür **(K)** b das kleine, geteilte Fenster am Giebel **(A)** c das Fachwerk **(U)**

19 **Was befindet sich heute im Erdgeschoss des Gebäudes?**

a ein Frisör **(G)** b ein Geschäft **(N)** c eine Zahnarztpraxis **(P)**

Wenn ihr euch umschaut, seht ihr zwei Gebäude auf dem Kamp, die an chinesische Teehäuser erinnern. Dies ist unsere letzte Station.

Park- und Grünanlage »Kamp« und Pavillons

Hier befindet ihr euch auf dem heute beliebtesten Platz Bad Doberans für Konzerte und Veranstaltungen. Könnt ihr euch vorstellen, dass dieser Platz vor über 200 Jahren eine Kuhweide war? Großherzog Friedrich Franz I. fand, dass sich der Ort gut für einen kleinen Park eignen würde. Denn schließlich brauchten die Badegäste einen Ort zum Erholen und Spazieren. So entstand um 1800 der dreieckige Kamp als Zentrum des gesellschaftlichen Lebens des noblen Seebades Doberan-Heiligendamm.

Um den Badegästen mehr zu bieten, ließ der Großherzog die zwei Pavillons errichten. Der achteckige »Rote Pavillon« wurde von Severin als Musikstätte errichtet (1808/09). Er hat die Form einer chinesischen Pagode. Der »Weisse Pavillon« entstand 1810 als Lesehalle, ebenfalls nach chinesischem Vorbild. Auch heute dienen die Pavillons zur Entspannung. Im »Roten Pavillon« sind Kunstausstellungen zu besichtigen und im »Weissen Pavillon« befindet sich eine Gaststätte.

20 Was war der Kamp vor 1800?

a ein Tennisplatz **(T)** b eine Kuhweide **(D)** c ein Parkplatz **(L)**

21 Wie viele Pavillons stehen auf dem Kamp?

a 2 **(L)** b 3 **(T)** c 4 **(I)**

22 Was für eine Form haben die Pavillons?

a Schüssel **(I)** b Trichter **(E)** c Pyramide **(C)**

23 Wie viele Ecken hat das Dach des »Roten Pavillons«?

a 5 **(H)** b 6 **(R)** c 8 **(U)**

24 **Wie viele weiße Säulen hat der »Weisse Pavillon«?**

- a 20 **(B)**
- b 24 **(T)**
- c 26 **(R)**

25 **Aus welchem Material besteht das Dach des »Weissen Pavillons«?**

- a Holzschindel **(E)**
- b Ziegel **(N)**
- c Metallplatten **(E)**

Geschafft! Vielen Dank für eure Hilfe. Ich habe alle Gaslaternen rund um den Kamp angezündet. Und ihr habt sicher alle Fragen richtig beantwortet und die Lösung gefunden. Prima gemacht! Bis zum nächsten Mal! Eure Roberta

Lösungssatz:

Vielleicht treffen wir uns ja auf einem ganz besonderen Fest auf dem Kamp wieder. Am 10.8.1807 feierten die Doberaner Bürger und Bauern der Umgebung die Rückkehr von Großherzog Friedrich Franz I. in seine mecklenburgische Heimat. Diese hatte er verlassen müssen, als Napoleons Soldaten Mecklenburg besetzten. Auf diesem Fest erinnern sich die Doberaner an diese Zeit, und ihr werdet einige von ihnen auch in der typischen Kleidung der damaligen Zeit erleben können. Wie heißt dieses Fest?

_ _ _ _   _ _ _
1 2 3 4   5 6 7

_ _ _ _ _ _ _ _ _
8 9 10 11 12 13 14 15 16

_ _ _ _ _ _ _ _ _
17 18 19 20 21 22 23 24 25

Rätselgitter:

Findet die untenstehenden Begriffe:

1. Dreieck, 2. Pavillon, 3. Park, 4. Weiss, 5. Trichter, 6. Rot, 7. Chinesisch, 8. Dach, 9. Säule, 10. Kino, 11. Kuhweide

Sie können waagerecht, senkrecht oder diagonal stehen.

A	B	C	D	W	F	G	T	U	I
P	P	D	Q	E	R	Z	R	P	N
D	A	A	W	I	P	R	I	L	I
R	R	V	A	S	S	O	C	K	D
E	K	S	I	S	Ä	T	H	J	E
I	I	U	S	L	U	A	T	H	M
E	N	S	H	F	L	H	E	G	S
C	O	Y	X	W	E	O	R	F	U
K	V	B	N	M	E	G	N	D	A
C	H	I	N	E	S	I	S	C	H
F	G	H	D	A	C	H	D	A	K
T	W	L	K	U	I	O	P	E	K

Malt hier ein Bild vom Kamp hin:

Die Molli-Geschichte

Damals, als die Dampflokomotive erstmals von Doberan nach Heiligendamm schnaufte, war die Eisenbahn vielen Einheimischen nicht ganz geheuer. So ist das wohl mit vielen erstaunlichen Erfindungen: Die Menschen müssen sich erst langsam an sie gewöhnen. Jäger Karl jedenfalls wäre der Bade-Omnibus lieber gewesen. Die geräumige Pferdekutsche fuhr leise auf der Straße und verscheuchte keine Tiere im Wald. Doch nun war sie von einer modernen Eisenbahn abgelöst worden. »Ich werde mich wohl nie an das laute Pfeifen gewöhnen«, dachte er, während er mit seiner Hündin Molli an den Schienen entlang in Richtung Doberan spazierte.

Plötzlich blieb Molli stehen, spitzte die Ohren und legte den Kopf schief. Dann zerrte sie mit aller Kraft vorwärts und Karl konnte sie kaum noch halten. »Zieh doch nicht so«, rief er. Was der Hund wohl hatte? Sicher hatte sie einen Hasen gewittert, oder einen Fuchs. Da hörte Karl ein Schnaufen und Zischen in der Ferne. Die neue Dampflokomotive kam angezuckelt. Molli hatte sehr gute Ohren und schon vor Karl das bedrohliche Geräusch wahrgenommen. Sie mochte die Lok ebenso wenig wie Karl. Das dampfende Ungeheuer war laut, der Rauch rußig und schwarz, und zu schnell war es ohnehin. Beide liefen lieber zu Fuß. Nein, die Lokomotive war ganz abscheulich.

Die Bahn kam näher. Sicher fuhren wieder Badegäste nach Heiligendamm, um im Meer zu baden. Das war doch reine Zeitverschwendung, fand Karl. Konnten die sich nicht so wie er morgens am Brunnen waschen? Aber nein, diese feinen Herrschaften waren viel zu vornehm für Brunnenwasser, und das Baden sollte gut für die Gesundheit sein.

Plötzlich riss Molli sich los und rannte auf die Lokomotive zu. »Halt, Molli«, schrie Karl. »Warte, Molli! Molli, bleib stehen.« Karl lief hinterher und versuchte verzweifelt, seine Hündin aufzuhalten. Doch die jagte weiter auf die unter Volldampf fahrende Bahn zu und bellte wütend. Mutig wollte sie das eiserne Ungetüm angreifen und Karl beschützen. Dabei würde sie sicher unter die Eisenräder kommen und dann würde es um seine Molli geschehen sein. Karl musste seine Hündin aufhalten.

Lokführer Fritz wunderte sich. Er konnte den Hund nicht sehen, denn der dicke Wasserkessel versperrte ihm die Sicht. Er sah nur einen Mann, der aufgeregt mit den Armen in der Luft wedelte und irgendetwas rief. Aber er verstand nicht, was er rief. Winkte er ihm zu, wie die Leute auf der Straße? Seine Dampflokomotive war brandneu, erst vor kurzem war die Strecke Doberan-Heiligendamm eröffnet worden und die Badegäste liebten seine Dampflok. »Anscheinend will der Mann, dass ich anhalte«, dachte Fritz überrascht. Aber warum? Jetzt war die Lok nahe genug heran und er verstand den Mann. Der schrie immer wieder »Molli, halt! Molli, bleib stehen!«

»Was soll das bedeuten?« fragte sich der Lokführer. »Vielleicht ist der Mann ein Badegast aus dem Ausland, und ‚Molli' heißt ‚Stopp' auf Portugiesisch.« (Das stimmte natürlich nicht, aber Fritz sprach kein Portugiesisch.) »Vielleicht meint er auch meinen Zug«, dachte Fritz. Erst letzte Woche hatte ein Schlosser aus Rostock zu ihm gesagt, dass seine Lok ganz schön mollig sei. Was immer das Wort auch heißen mochte, Fritz zog an den Bremshebeln und quietschend kam die Dampflok zum Stehen.

Als Molli den Zug endlich erreicht hatte, sprang die tapfere Jagdhündin aufgeregt am schnaufenden Dampfross hoch und biss knurrend in die eisernen Räder. Endlich hatte auch Karl die Bahn erreicht und nahm seine Molli wieder an die Leine. »Tut mir leid, dass meine Lok Ihren Hund erschreckt hat«, rief der Lokführer aus seinem Fenster. »Steigen Sie doch ein und fahren Sie bis Doberan mit.«

Erschöpft kletterten Karl und Molli auf die Einstiegsplattform und setzten sich in einen Wagen. Als der Zug losschnaufte, knurrte Molli ängstlich und Karl blickte misstrauisch aus dem Fenster. »Ist das nicht großartig?« Gegenüber von Karl saß ein kleiner Junge und strahlte übers ganze Gesicht. Ludwig (so hieß der Junge) hatte den Jäger von seinem Fensterplatz aus beobachtet. Er fuhr das erste Mal mit der Bäderbahn und liebte es, die Häuser, Wiesen, Felder und Wälder am Fenster vorbeifliegen zu sehen. So eine rasende Geschwindigkeit hatte er noch nie erlebt. Er hatte auch den Jäger rufen hören »Molli, halt.« War das der Name des Zuges? So musste es wohl sein, denn die Lokomotive hatte angehalten.

»Du brauchst keine Angst zu haben«, sagte Ludwig und streichelte Molli vorsichtig. »Die Molli fährt ganz ruhig. Manchmal ruckelt sie ein bisschen, aber das ist lustig.«
»Ich wusste gar nicht, dass die Bäderbahn genauso heißt wie meine tapfere Molli.« Karl wunderte sich und kraulte seiner Jagdhündin die Ohren, die sich entspannt auf den Boden legte. Karl und seiner Molli gefiel die Fahrt mit der Dampflokomotive schließlich doch sehr gut. Und als ihn einige Tage später Badegäste fragten, wo denn »die Molli« abfuhr, zeigte Karl ihnen stolz den kleinen Bahnhof seiner Stadt. Seitdem wird die dampfbetriebene Kleinbahn in Bad Doberan liebevoll »Molli« genannt und ist zum Wahrzeichen der Stadt geworden.

Apropos Dampflokomotive:

Der englische Erfinder und Ingenieur Richard Trevithick baute 1804 die erste Dampflokomotive, die auf Schienen fahren konnte. Leider zerbrachen die gusseisernen Schienen unter ihrem Gewicht. In Deutschland fuhr die erste Dampflokomotive im Juni 1816 auf einem Rundkurs durch den Hof der Königlichen Eisengießerei zu Berlin. Schaulustige durften gegen ein Entgelt in den angehängten Wagen mitfahren. Dies war die erste auf europäischem Festland erbaute Lokomotive und der erste dampfgeführte Personenverkehr – wenn auch noch auf recht kurzer Strecke.

Apropos Molli:

Heißt es *der* oder *die* Molli? Darüber streiten sich die Geister. Während die meisten Einheimischen seit Jahrzehnten *die* Molli sagen, verbreitet sich seit 1990 *der* Molli, und im täglichen Sprachgebrauch werden heute beide Artikel austauschbar benutzt. Der Name geht auf eine Geschichte mit einem Hund namens Molli zurück, der einem Jäger (wahlweise auch einer alten Dame) fortlief, worauf der Besitzer hinterher rief: »Molli, bliew stan.« (Molli, bleib stehen.) Damals sprachen die Menschen in Mecklenburg – der Großherzog eigeschlossen – Plattdeutsch. Die Geschichte wurde auf Platt überliefert und die Leute sprachen von »uns Molli« oder »de Molli«, so auch in alten Postkarten und Dichtungen. Im Plattdeutschen steht der Artikel *dei* bzw. *dee*, umgangssprachlich de, sowohl für den männlichen als auch den weiblichen Artikel. Später wurde »de Molli« dann beliebig als die oder der Molli ins Hochdeutsche übersetzt. Erklärt wird der weibliche Artikel auch damit, dass Molli ein Mädchenname ist und es *die* Dampflokomotive und *die* Eisenbahn heißt – beide Begriffe werden seit 1804 bzw. 1825 benutzt. Das Wort *der* Zug für eine Wagenreihe mit Antriebsfahrzeug kam dagegen erst um 1840 auf. Der männliche Artikel beruht auf einer Version der Geschichte, in der besagter Hund ein Mops gewesen sein soll. Die Hunderasse ist allerdings in verschiedenen Geschichten unterschiedlich überliefert, es soll aber auf jeden Fall eine Hündin gewesen sein, die Namensgeber war.

Hier ist Platz für ein Bild der Molli-Bahn:

RÄTSELHAFTE RALLYE QUER DURCH DIE STADT

Dauer: ca. 120 Minuten | mit Pausen länger | mit dem Fahrrad kürzer

Hallo liebe Entdecker,

ich bin Fritz, der Lokführer. Meine Molli kennt ihr bestimmt: Bad Doberans lauteste und einzige dampfende Sehenswürdigkeit. Heute möchte ich mit euch durch die Stadt bimmeln. Kommt ihr mit? Auf unserer Rundfahrt müsst ihr verschiedene Aufgaben lösen. Ihr müsst Augen und Ohren offenhalten, Dinge aufspüren und viele Fragen beantworten. Nach jeder gelösten Aufgabe bekommt ihr einen Buchstaben und alle zusammen ergeben ein Lösungswort.

So einfach geht's: Texte und Fragen zu den Gebäuden genau durchlesen, Lösungsbuchstaben **(X)** herausfinden, Buchstaben im Lösungsfeld auf Seite 51 eintragen. Fertig! Alles klar? Dann lasst eure Köpfe rauchen. Ich habe genügend Dampf im Kessel. Los geht's!

Wir starten am Marktplatz.

Der Neue Markt

Könnt ihr euch vorstellen, dass der »Neue Markt« schon circa 200 Jahre alt ist? Doch erst mal sah er ziemlich leer aus. Auf Wunsch der Anwohner wurden im Jahre 1834 Bäume gepflanzt. Zu jener Zeit verlief auch ein Bach quer über den Platz. Da dieser aber den weiteren Bauprozess behinderte, wurde er umgeleitet und überbaut. Auch heute gibt es wieder einen kleinen Wasserlauf, der aus dem Norden auf den Markt zuläuft.

1 **Welche Baumarten wachsen auf dem Markt?**

a Kastanie **(E)** b Eiche **(A)** c Linde **(M)**

2 **Welche Produkte könnt ihr rund um den Neuen Markt kaufen?**

a Bücher, Blumen, Spielzeug **(O)** b Autos und Motorräder **(F)** c Sportartikel, Möbel **(D)**

3 **Wo beginnt der Wasserlauf?**

a Restaurant »Zum Weißen Schwan« **(P)** b Baumstraße 9 **(L)** c Baumstraße 12 **(G)**

4 **Wie lang ist der sichtbare Teil des Wasserlaufs?**

a 10 Meter **(N)** b 80 Meter **(L)** c 200 Meter **(H)**

Wir wollen jetzt den höchsten Punkt der Stadt erklimmen. Lauft vom Neuen Markt in die »Baumstraße« und dann links den »Lettowsberg« hinauf. Die Straßenschilder verraten euch den Weg. Am »Maxim-Gorki-Platz« geht ihr geradeaus in die Straße »Am Tempelberg«. Von hier könnt ihr unser nächstes Ziel, den Turm auf dem Berg, schon sehen.

Wasserturm

Super! Ihr habt den höchsten Punkt Bad Doberans erreicht und steht vor dem Wasserturm auf dem Tempelberg. Er wurde 1927 errichtet und für die Wasserversorgung und als Aussichtsturm benutzt. Heute ist der Wasserturm in Privatbesitz und wird bewohnt. Einmal im Jahr, am Tag des offenen Denkmals, öffnet er seine Türen für die Öffentlichkeit, und ihr dürft euch ansehen, wie so eine Turmwohnung aussieht.

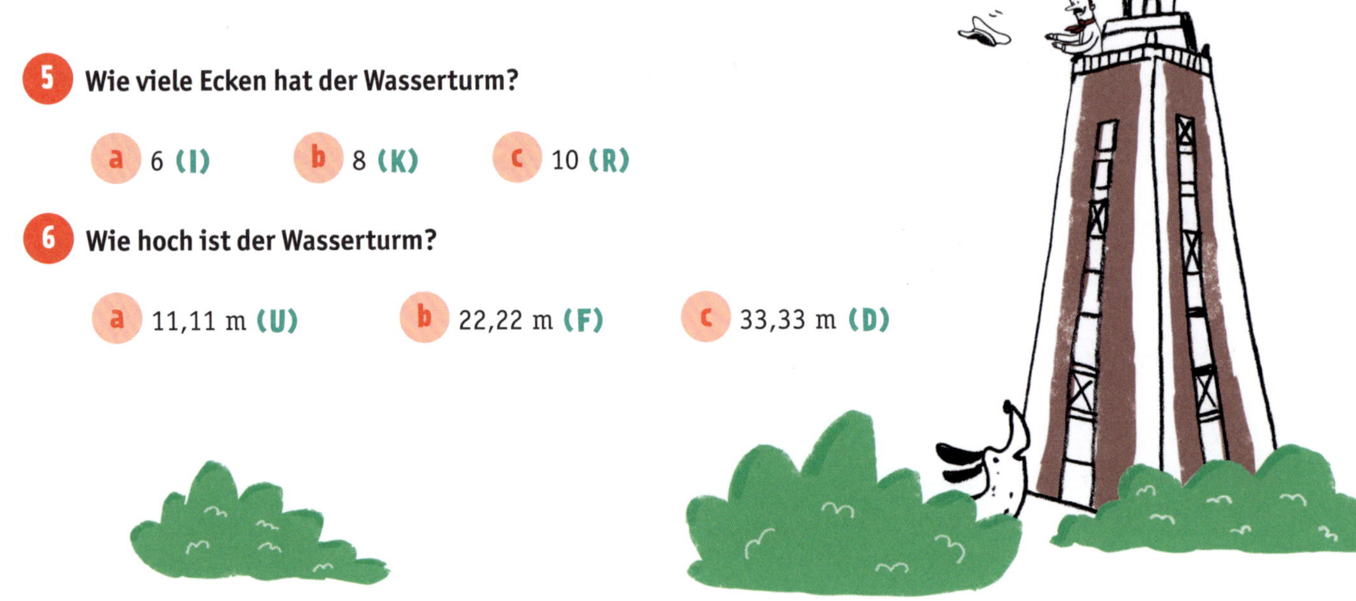

5 **Wie viele Ecken hat der Wasserturm?**

a 6 **(I)** **b** 8 **(K)** **c** 10 **(R)**

6 **Wie hoch ist der Wasserturm?**

a 11,11 m **(U)** **b** 22,22 m **(F)** **c** 33,33 m **(D)**

7 **Wie wird der Wasserturm heute genutzt?**

a als Wasserturm **(U)** **b** als Sternwarte **(R)** **c** als privates Wohnhaus **(E)**

Vom Berg hinunter laufen wir an der ehemaligen Jugendherberge der Stadt vorbei, dann an der »Lindenstraße« nach rechts bis zur »Kröpeliner Straße« und von dort zum Bahnhof, immer entlang der Schienen in Richtung Süden. Aber Achtung: Überquert die Straßen nur an den Ampeln!

Bahnhof und Molli

Schon seit 1886 schnauft die Bäderbahn Molli durch Bad Doberan. Die dampfbetriebene Schmalspurbahn fährt auf einer Spurweite von nur 90 Zentimetern. Zunächst verband die 6,61 Kilometer lange Strecke nur Bad Doberan mit dem Seebad Heiligendamm. 1910 wurde dann die Bahnstrecke bis Kühlungsborn auf 15,4 Kilometer erweitert. Da die Gleise zwischen Heiligendamm und Kühlungsborn an der Steilküste entlang führen, können die Fahrgäste ab und zu zwischen dem Küstenschutzwald einen kurzen Blick auf die Ostsee erhaschen.

8 **Welche Spurbreite hat die Bäderbahn Molli?**

a 90 mm **(E)** b 900 mm **(S)** c 9000 mm **(H)**

9 **Sucht die Beschriftung »Abort« am kleinen Gebäude. Was bedeutet sie?**

a Abonnement für die regionale Tageszeitung **(G)**

b Toilette **(T)**

c Zug fährt von diesem Ort ab **(R)**

10 **Welche zwei Farben hat der Zug?**

a beige/rot **(S)** b beige/grün **(U)** c rot/grün **(V)**

11 **Von welchem Bahnsteig fährt die Bäderbahn Molli ab?**

a 2 **(I)** b 3 **(D)** c 4 **(C)**

12 **Wie heißt das Hotel gegenüber vom Bahnhof?**

a Haus Winter **(J)** b Villa Sommer **(H)** c Hotel am Bahnhof **(F)**

Nun schnaufen wir entlang der Schienen wieder zurück in Richtung Stadt bis zum ersten Gebäude gleich rechts hinter der Kreuzung. Hier ist unsere nächste Station.

Prinzenpalais

Ursprünglich hatte sich Baumeister Carl Theodor Severin 1821 dieses Gebäude als eigenes Wohnhaus errichtet. Kurz nach der Fertigstellung verkaufte er jedoch sein Haus an die großherzogliche Familie als Sommerresidenz für das Prinzenpaar. Stellt euch vor, hier haben einst Prinzen und Herzöge gewohnt. Später zogen nach Umbauten Schulkinder in die Prinzengemächer ein. Seit 2008 ist es ein Hotel. Wer hier als Gast übernachtet, kann sicher nachempfinden, wie angenehm das Prinzenpaar seinen Sommer in Doberan verbrachte. Bis zu 150 Gäste können heute in diesem kleinen Schlösschen ihren Urlaub verleben.

13 Wie viele Säulen hat der Eingang?

a 2 **(A)** b 4 **(E)** c 6 **(O)**

14 Welches Wappentier seht ihr auf der Lampe an der rechten vorderen Ecke des Hauses?

a Hirsch **(J)** b Schwan **(L)** c Ochse **(R)**

15 Welche Farbe hat das Gebäude?

a rosa **(K)** b grau **(D)** c hellgelb **(L)**

Geht beim nächsten Zebrastreifen in Richtung Stadt über die Straße. Auf der gegenüberliegenden Seite findet ihr eine kleine, eher unscheinbare Statue. Dies ist unsere nächste Station.

Frank-Zappa-Büste

Frank Zappa war ein amerikanischer Musiker, Komponist, Produzent, Filmregisseur und eine einflussreiche Rockfigur der Musikgeschichte. Der tschechische Künstler Václav Cesák schuf 2002 dieses Denkmal von Frank Zappa. 1990 fand in Doberan die erste Zappanale statt. Bands und Fans aus der ganzen Welt kommen seitdem jedes Jahr hier zusammen, um gemeinsam Zappas Musik zu feiern. 2009 wurde bereits die 20. Zappanale auf der Rennbahn gefeiert.

16 **Was für eine Frisur trägt Frank Zappas Büste?**

a kurze Haare **(F)** b Glatze **(E)** c Zopf **(U)**

17 **Was trägt Frank Zappas Büste um den Hals?**

a eine Kette **(H)** b ein Tuch **(N)** c nichts **(A)**

Wir gehen weiter in Richtung Stadt, bis wir auf der rechten Seite ein großes rotes Backsteingebäude und dahinter ein modernes halbrundes Gebäude sehen. Hier warten die nächsten Aufgaben auf euch.

Gymnasium Friderico Francisceum

Mit der Verleihung des Stadtrechts im Jahre 1879 wurde Bad Doberan vom Großherzog das Recht zugestanden, eine höhere Schule zu eröffnen. Zu Ehren ihres Gründers Friedrich Franz II. wurde die Schule 1883 »Friderico Francisceum« genannt. Doch bald wurde das Gebäude für die vielen Schüler zu klein. An der Stelle des früheren Theaters errichtete der Baumeister Gotthilf Ludwig Möckel in den Jahren 1887 bis 1889 ein neues, neogotisches Gymnasium. Die Fassade schmückt eine dekorative Rosette, dahinter liegt die Aula. Direkt neben dem Gymnasium war das Wohnhaus des Schuldirektors. Ab 1927 besuchten auch Mädchen die Schule.

18 **Wie viele Innenkreise befinden sich im großen Rundfenster?**

a 5 **(A)** b 7 **(D)** c 9 **(S)**

19 **An welche Märchenfigur erinnert der Zopf, der im Sommer am Turm des Gebäudes hängt?**

a Rapunzel **(R)** b Schneewittchen **(E)** c Aschenputtel **(I)**

20 **Was hält die Büste des Schuldirektors Dr. Willy Brandt in der linken Hand?**

a eine Zigarette **(L)** b eine Bibel **(K)** c nichts **(A)**

Unser letztes Ziel ist ein ganzes Stückchen entfernt. Es befindet sich am westlichen Ortsausgang. Wir laufen über den Kamp in die Stadt, gehen bis zu den Schienen und folgen ihnen in Richtung Heiligendamm. Am Ende der Goethestraße beschreiben die Schienen eine Kurve nach links. Wir folgen ihnen beinahe bis zum Ortsende. Auf der linken Seite steht ein rotes Backsteinhaus – unser letztes Ziel.

Ehm Welk-Haus

Ehm Welk war ein bekannter Schriftsteller, Journalist und Chefredakteur. Er lebte viele Jahre mit seiner Frau in Bad Doberan. 1968 wurde eines seiner bekanntesten Werke, »Die Heiden von Kummerow«, verfilmt. Ehm Welk wurde 82 Jahre alt. Heute finden in seinem ehemaligen Wohnhaus regelmäßig Lesungen und Veranstaltungen statt.

21 **Was stellt das Relief vor dem Haus dar?**

a Die Lebensgeschichte Ehm Welks **(P)**

b Die Heiden von Kummerow **(U)**

c Geschichten aus der Bibel **(E)**

22 **Wie viele Vierecke sind in dem Relief zu sehen?**

a 15 **(C)** b 20 **(H)** c 25 **(C)**

23 Wofür wird das Ehm Welk-Haus heute genutzt?

- a) als privates Wohnhaus **(E)**
- b) als Kino **(J)**
- c) als Museum und kulturelles Begegnungszentrum **(H)**

Geschafft! Habt ihr alle Fragen beantwortet und das Lösungswort gefunden? Super gemacht! Ich hoffe, ich kann euch bald wieder in der »Molli-Bahn« auf einer Reise nach Heiligendamm oder Kühlungsborn begrüßen. Ein ganz besonderes Erlebnis ist eine Fahrt mit dem »Hundertjährigen Zug« und vorn in der Lok bei mir.
Bis zum nächsten Mal. Euer Lokomotivführer Fritz

Lösungssatz:

Gern lädt die Mecklenburgische Bäderbahn Molli zu einem festlichen Ereignis ein, das folgenden Namen trägt:

_ _ _ _ _ _ _ _ _
1 2 3 4 5 6 7 8 9

_ _ _ _ _ _ _ _ _
10 11 12 13 14 15 16 17 18

_ _ _ _ _
19 20 21 22 23

Klebt hier eure Molli-Fahrkarte ein:

Die Geschichte vom Heiligen Damm

Bruder Bernhard war besorgt. Er stand auf dem Feld und schaute zum Himmel. Dunkle Wolken zogen am Horizont auf, dort braute sich etwas zusammen. Bald würde ein Sturm losbrechen. Bruder Bernhard hatte keine Angst vor dem Sturm. Auch nicht vor dem Regen oder dem Blitz und Donner, den der Sturm mit sich bringen würde.

Bruder Bernhard hatte Angst vor der See. Viele Stürme hatte er schon erlebt. Einige hatten die See aufgewühlt und morsche Kisten und Schiffsplanken als Strandgut ans Ufer gespült. Doch besonders starke Stürme hatten das Meer über seine Ufer treten lassen, und die Wellen überschwemmten die Wälder und Felder vom Meer bis nach Doberan. Viele Bauern hatten schon durch die Wasserfluten ihre Ernte verloren. Und viele von ihnen mussten dann im Winter hungern, denn sie hatten nicht genügend Geld, um sich neues Saatgut zu kaufen.

Bruder Bernhard stand der Schweiß auf der Stirn. Auch er hatte den ganzen Morgen auf dem Feld gearbeitet und gemäht. Goldgelb stand das Korn auf dem Acker. Die schweren Ähren wogten sanft im Wind. Es würde in diesem Jahr eine gute Ernte geben. Im Frühjahr hatte es reichlich geregnet und das Korn war schnell gewachsen. Die Sonne hatte den Roggen reifen und voll werden lassen. Jetzt musste er gemäht und eingefahren werden. Die Bauern der Gegend würden endlich wieder ein gutes Jahr haben. Sie würden ihr Korn verkaufen, und ihre Kinder würden im Winter nicht hungern müssen, denn es würde genug Geld im Haus sein für Milch und Brot und vielleicht sogar Fleisch.

Wenn nur der Sturm nicht kam. Wenn nur das Meer nicht übertreten und die Felder überschwemmen und so kurz vor der Ernte das reife Korn verderben würde!

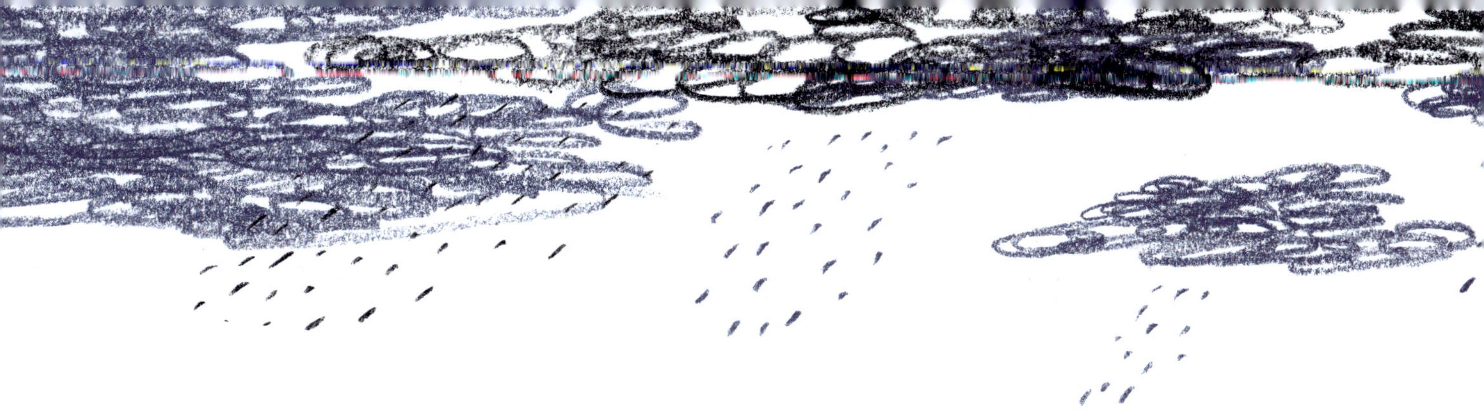

Doch was konnte er tun? Wer konnte noch helfen? An wen konnte er sich in seiner Not wenden? Die grauen Wolken zogen sich zusammen und kamen näher. Bruder Bernhard zog die Brauen zusammen und dachte nach. »Brüder«, rief er seinen Ordensbrüdern zu, die mit ihm auf dem Feld arbeiteten, »wir wollen Gott um Beistand bitten. Lasst uns den Abt holen.« Gemeinsam liefen sie zum Kloster. Der Wind wurde stärker – und brachte Regen.

Abt Konrad, der Klostervorsteher, teilte die Sorge seines Klosterbruders. »Ja, wir wollen zu Gott beten und ihn um Beistand bitten. Lasst uns zum Meer gehen und bitten, dass er Mitleid mit uns hat und nicht das Land überflutet.« Die Zisterzienser nahmen ihre Mäntel und liefen los. Das Meer lag eine Dreiviertelstunde Fußmarsch vom Kloster entfernt. Zügig schritten sie am Feldrain entlang. Der Himmel war dunkel und einzelne Regentropfen fielen zur Erde.

»Wir müssen uns beeilen«, mahnte Abt Konrad, »der Sturm nimmt zu.« Stumm schritten sie weiter. Der Regen wurde stärker und stärker und prasselte schließlich mit Wucht in ihre Gesichter. Auch der Wind nahm zu und sie mussten sich mit Kraft gegen ihn stemmen, um voranzukommen. Das Gehen wurde immer beschwerlicher. Ihr Weg führte durch den Wald, hier war es geschützt. Das dichte Laub hielt den Regen ab, und der Sturm warf die Baumkronen hin und her, doch auf dem Boden war es ruhig. Hier kamen sie schnell voran.

Endlich hatten sie die Küste erreicht. Sie traten aus dem schützenden Wald heraus und lautes Tosen brach ihnen entgegen. Die schweren Wellen krachten auf den Sand und überfluteten den Strand.

»Brüder«, rief Abt Konrad »lasst uns beten.« Die Mönche knieten sich schützend in einem Kreis nieder, ihre Köpfe zwischen die Schultern gezogen. Abt Konrad versuchte vergeblich, mit seiner tiefen, ruhigen Stimme das brausende, tobende Meer zu übertönen; die See ließ sich nicht überstimmen. Meterhohe Wellen warfen sich mit riesiger Kraft auf das Land. Wie ein Drache spuckte das Meer weißes Schaumfeuer auf ihre Köpfe.

Abt Konrad hielt ein Kreuz gen Himmel. Bruder Bernhard hatte seine Augen geschlossen. Fieberhaft wiederholte er die Worte, auf Latein und auf Deutsch, immer und immer wieder: »Pater Noster, qui es in caelis. Vater unser im Himmel. Bitte erhöre unser Gebet. Vater, sei uns gnädig. Lass deine See nicht über das Ufer treten. Besänftige deine Wasser. Amen.«

Immer bedrohlicher, immer zorniger schlugen die Wellen auf das Ufer. Immer lauter wurde das Tosen. Bruder Bernhard fürchtete, die Fluten würden ihn und seine Brüder mit sich reißen. Vorsichtig öffnete er die Augen, nur einen Spalt. Jetzt schlugen Steine auf den Sand. Zunächst waren sie faustgroß. Dann brachte das wütende Meer immer größere Steine mit sich und schleuderte sie zornig auf den Strand. Schließlich flogen riesige Felsbrocken aus der rasenden See auf die Küste. Bruder Bernhard fürchtete, gleich erschlagen zu werden. Schnell schloss er wieder die Augen und betete noch leidenschaftlicher als zuvor.

Endlich, viele Stunden später, wurde es friedlicher. Das Meer schien sich zu beruhigen und rauschte nur noch bedächtig. Die Mönche öffneten ängstlich ihre Augen. Ihre Kutten waren durchnässt und ihre Knie schmerzten.

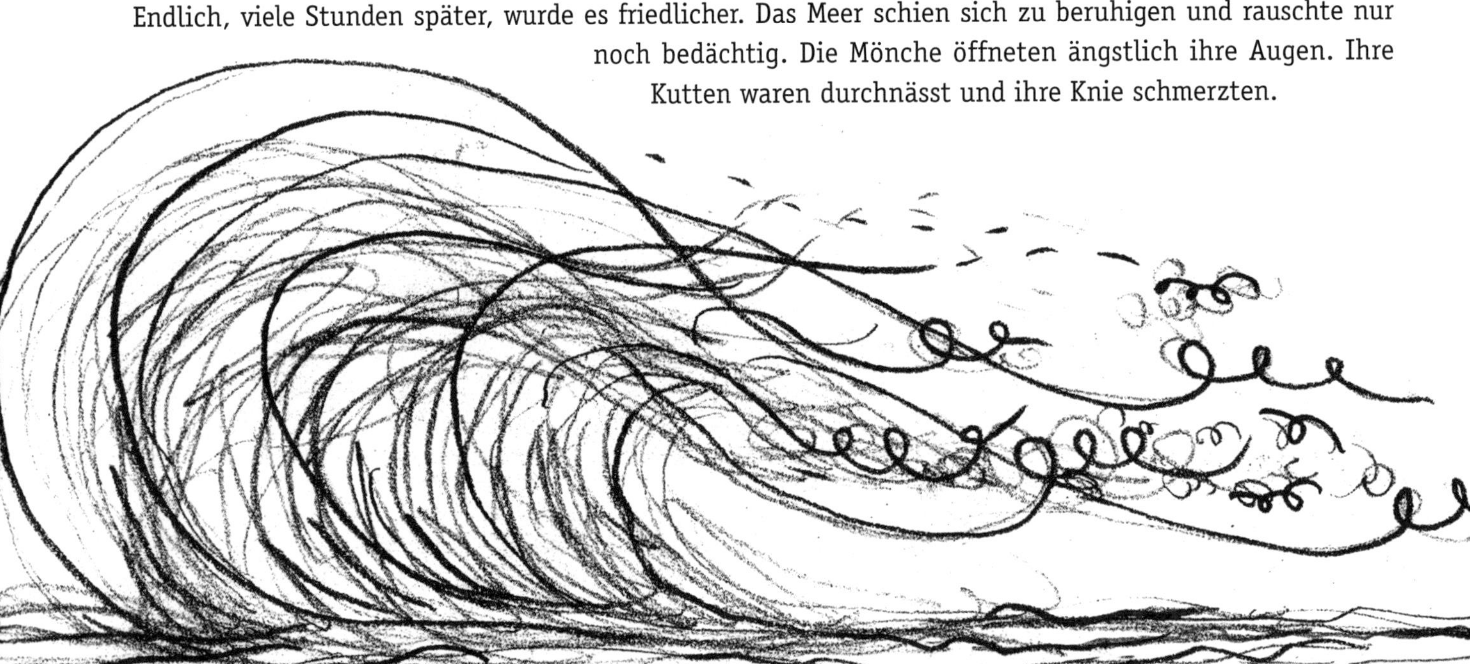

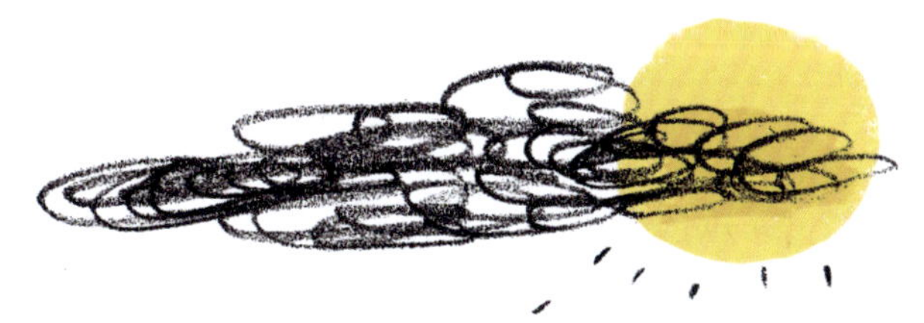

Riesige Gesteinsbrocken hatten sich vor ihnen entlang des Ufers wie ein Damm aufgetürmt, den die Wasserfluten nicht übertreten hatten.

»Ein Wunder«, rief Bruder Bernhard, »seht doch, Brüder. Ein Wunder ist geschehen. Der Sturm hat einen Damm aus Steinen auf das Ufer geworfen und dieses dadurch geschützt. Nun kann das Wasser den Feldern nichts mehr anhaben.«

Am Horizont wurde es hell, und rötlich schimmerten die ersten Sonnenstrahlen am Himmel. Gott hatte das Gebet der Mönche erhört und in einer einzigen Nacht durch das Meer einen Damm errichtet, einen »Heiligen Damm«.

Nach diesem »Heiligen Damm« wurde später das Seebad »Heiligendamm« benannt. Wenn ihr von dem Badeort nach Börgerende am Ufer entlang wandert, seht ihr ihn. Heute sorgen umfangreiche Küstenschutzmaßnahmen dafür, dass bei Hochwasser nicht die tiefer liegenden Gebiete bis Bad Doberan überschwemmt werden. Außerdem brechen Buhnen die Wellen schon im Wasser. So haben sie weniger Kraft, wenn sie an Land schlagen. Der natürlich entstandene Geröllwall zwischen Heiligendamm und Börgerende wurde mit neuem Deckwerk verstärkt. Das sind große Betonsteine, die sich entlang des Strandes auftürmen. Zusätzlich wurde gegen Wellenüberschlag eine Wand aus Stahlbeton errichtet, deren Fluttüren bei großem Wasserdruck geöffnet werden können.

Malt hier ein Bild vom Heiligen Damm hin.

GEHEIMNISVOLLE RALLYE DURCH HEILIGENDAMM

ab 7 Jahren | Dauer: ca. 50 Minuten

Goden Dach, mien lütt Jungs un Dierns,

ik bün Johann, dei Bademeister in Heiligendamm. Ji sünd woll ok taun Baden kamen, wat? Siet öwer tweehunnert Johren kamen Badgäste ut aller Welt in uns »witte Stadt am Meer.« Wullt ji dat öllerste Seebad von Dütschland neger kennenlihrn? Denn kümmt man mit. Ünnerwägens vertell ik juch ein bäten wat ut dei Geschicht von dei Stadt.

Heiligendamm wurde 1793 vom mecklenburgischen Großherzog Friedrich Franz I. als erstes deutsches Seebad gegründet. Es war sogar das erste Seebad auf dem europäischen Festland. Sein Leibarzt Prof. Dr. Samuel Gottlieb Vogel, der die heilende Wirkung des Seewassers erkannt hatte, riet dem Herzog, diesen Ort wegen seiner »vortrefflichen und anmutigen Lage« als Badeanstalt zu wählen. Auf unserem Spaziergang müsst ihr nun verschiedene Aufgaben utklabüüstern. Nach jeder Aufgabe erhaltet ihr einen Buchstaben und alle zusammen ergeben ein Lösungswort.

Un so eenfach geit dat: Texte und Fragen zu den Stationen genau durchlesen, Lösungsbuchstaben (X) herausfinden, Buchstaben im Lösungsfeld auf Seite 65 eintragen. Fardig! Allens kloor? Denn kann dat je losgahn! Wi starten bien Bahnhoff.

Bahnhof der Bäderbahn Molli

Im Sommer um 1880, fast hundert Jahre nach der Gründung des Seebads, lief der Badebetrieb hier auf Hochtouren. Immer mehr Gäste wollten von Doberan nach Heiligendamm fahren. Das ging damals nur mit Pferden, Kutschen oder dem Bade-Omnibus, einer von Pferden gezogenen geräumigen Kutsche. Also erteilte Großherzog Friederich Franz III. 1886 die Konzession (eine Erlaubnis) für den Bau einer Bahn von Doberan nach Heiligendamm. Am 7. Juli, nach nur sechs Wochen Bauzeit, wurde die 6,61 Kilometer lange Strecke in Betrieb genommen. Auch eine hölzerne Wartehalle entstand. 1908 wurde die Strecke dann bis Kühlungsborn auf 15,4 Kilometer erweitert und 1933 das heutige Bahnhofsgebäude errichtet.

1 Wie viele Bahnsteige gibt es auf dem Bahnhof?

a 1 **(K)** b 2 **(H)** c 3 **(M)**

2 Was befindet sich außer der Fahrkartenausgabe noch im Bahnhofsgebäude?

a Lebensmittel- und Buchladen **(A)** b Imbiss **(E)** c Restaurant **(I)**

3 Auf dem Bahnhof stehen zwei Kilometersteine mit den Aufschriften 6/5 und 6/6. In welchen Abständen stehen diese Steine entlang der Schienen?

a alle 100 Meter **(S)** b alle 500 Meter **(T)** c alle 1.000 Meter **(N)**

Von de rökernde Molli gahn wi nu taun stillern Uurt. Folgt dem Wegweiser zur Waldkirche vor dem Bahnhof. Wir überqueren die Hauptstraße an der Ampel, gehen in den Kurpark und biegen an den zwei Weggabelungen nach rechts. Nu könnt ji all dei Kark (Kirche) seihn.

Katholische Herz-Jesu-Kapelle

Fast einhundert Jahre hatte Heiligendamm keine Kirche. Katholische Badegäste aus Süddeutschland und Österreich wünschten sich aber, auch im Badeort Sonntagsmessen zu besuchen und nicht immer nach Doberan fahren zu müssen. Kammerherr von Suckow bat den Großherzog um den Bau einer Kapelle und sammelte Spendengelder. 1887/88 konnte endlich nach Plänen des Baumeisters Möckel diese kleine Waldkapelle gebaut werden. Seit den 1990er Jahren ist sie jedoch nicht mehr im Gebrauch und große Teile der Inneneinrichtung wurden gestohlen.

4 Was bedeutet der Satz »Hic domus Dei est, et porta Coeli« über dem Eingang der Kapelle?

- a Hier ist das Haus Gottes und die Pforte des Himmels **(T)**
- b Hier ist das Haus Jesu, gesegnet sei dein Name. **(H)**
- c Hier ist das Tor zu Gott, dem Allmächtigen. **(S)**

5 Wem ist der Gedenkstein mit der Inschrift »Deo Gratias!« (Dank sei Gott!) hinter der Kapelle gewidmet?

- a Großherzog Friedrich Franz III. **(E)**
- b den wohltätigen Gönnern des Kirchbaus **(I)**
- c dem Kammerherrn Herrmann von Suckow **(O)**

Wir folgen dem Weg rechts hinter der Kapelle, biegen rechts ab und gehen zur Straße. Von hier seht ihr schon das Café am Golfteich. Wusstet ihr, dass Heiligendamm bereits 1925 einen 25 Hektar großen 10-Loch-Golfplatz hatte – einen der größten und modernsten Europas? Nach dem Krieg wurde er nicht mehr genutzt. An der Straße biegen wir nach links, gehen am Parkplatz vorbei und auf die Strandpromenade. Von dort seht ihr eine weiße Villa, die unsere nächste Station ist.

Haus »Bischofsstab«

Hier verbrachten früher Familienmitglieder und Verwandte des Herzogs ihre Ferien. Der ließ das Haus von 1858 bis 1860 im Stil der Berliner Vorstadthäuser als Gästehaus errichten. Im zweiten Weltkrieg wurde die Villa von der Reichsmarine als Lazarett und Flüchtlingsunterkunft genutzt. Nach dem Krieg war sie staatliches Ferienheim. Auch heute können hier Badegäste Urlaub machen, von der Terrasse einen traumhaften Blick auf die Ostsee genießen und die Surfer und Segler beobachten.

6 Wonach wurde das Haus benannt?

- **a** nach einer Pflanze **(P)**
- **b** nach einem Motiv im Doberaner Stadtwappen **(R)**
- **c** nach einem architektonischen Element am Haus **(L)**

7 Wie viele halbrunde Fenster befinden sich im Dach zum Strand?

- **a** 1 **(U)**
- **b** 2 **(E)**
- **c** 3 **(I)**

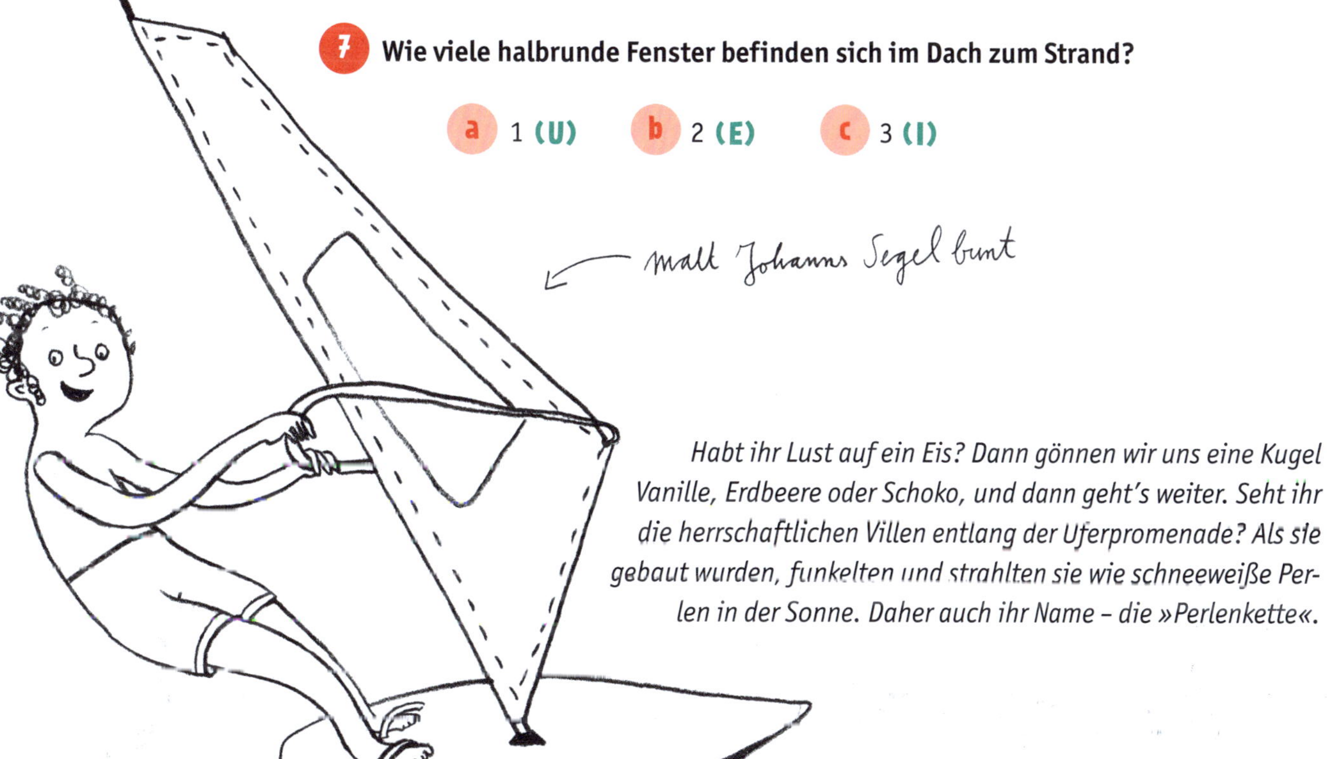

Habt ihr Lust auf ein Eis? Dann gönnen wir uns eine Kugel Vanille, Erdbeere oder Schoko, und dann geht's weiter. Seht ihr die herrschaftlichen Villen entlang der Uferpromenade? Als sie gebaut wurden, funkelten und strahlten sie wie schneeweiße Perlen in der Sonne. Daher auch ihr Name – die »Perlenkette«.

Die »Perlenkette«

Neben dem Haus »Bischofsstab« besteht die »Perlenkette« aus Villen mit so klangvollen Namen wie »Anker«, »Hirsch«, »Schwan«, »Seestern«, »Möwe« und »Greif« (von Osten nach Westen). Sie wurden als Logierhäuser für wohlhabende Badegäste in den Jahren 1853 bis 1863 errichtet. Während des Krieges erhielten alle Gebäude einen dunklen Tarnanstrich, und Kadetten zogen in die herrschaftlichen Wohnräume. Auf die unpraktischen herzoglichen Möbel hätten sie aber lieber verzichtet. Nach 1947 wurde Heiligendamm zum Kurbad, und in den Häusern wohnten Kurgäste. Nun erhielten die Villen alle zwei Jahre einen weißen Anstrich. Eine Brigade von acht Männern kümmerte sich täglich um die Gebäude, besserte aus, verputzte oder schlug bröckligen Putz und Stuck kurzerhand ab und vereinfachte die Architektur.

Das erste Haus der »Perlenkette« ist die Villa »Perle/Großherzogin Marie« direkt an der Seebrücke. Sie wurde nach der Tochter des Großherzogs Marie Alexandrine von Mecklenburg-Schwerin benannt, die 1874 den russischen Zarensohn Wladimir Alexandrowitsch Romanow heiratete. Beide weilten hier schon vor ihrer Ehe als Badegäste. Doch eine wilde Ehe war damals natürlich undenkbar. Und so entstand der Anbau mit getrennten Schlaf- und Aufenthaltsräumen. 2010 wurde die Villa originalgetreu wieder aufgebaut.

8 Wie viele Säulen schmücken ein Turmfenster der Villa?

a 2 **(S)** b 3 **(C)** c 4 **(K)**

9 Damit kein Grundwasser in das Gebäude dringt, wurde die neue Villa in eine von außen unsichtbare »Wanne« eingefasst. Schätzt doch mal, wie viele Liter Grundwasser pro Stunde während der Bauarbeiten abgepumpt werden mussten. (Hinweis: In eine Badewanne passen ca. 140 Liter Wasser.)

a bis zu 5.000 Liter **(H)** b bis zu 7.000 Liter **(L)** c bis zu 9.000 Liter **(C)**

Jetzt können wir uns auf der Seebrücke den Wind um die Nase wehen lassen. Hier arbeite ich. Ihr müsst nämlich wissen, dass vor zweihundert Jahren nur wenige Menschen schwimmen konnten. Und wenn sie glaubten, es zu können, dann mehr schlecht als recht. Da musste ich so manches Mal einen aus dem Wasser fischen. Einige nahmen dann lieber gleich Schwimmunterricht bei mir.

Seebrücke

1840 wurde erstmals ein kleiner Steg in die Ostsee gebaut. Später entstand eine Seebrücke mit zwei Stegen und Querverbindungen, die jedoch aufgrund von Witterungseinflüssen mehrfach erneuert werden musste. 1913 wurde sie in einer Sturmflut schwer beschädigt. Die neue Seebrücke wurde 1993 eingeweiht. Sie ist eine von insgesamt 19 Seebrücken an der Ostsee und ein beliebter Ort für Angler und Spaziergänger. Allerdings ist sie zu kurz, um als Anlegestelle für Schiffe zu dienen, da das Wasser hier zu flach ist.

10 Schätzt doch mal, wie lang die Seebrücke ist.

a 150 m **(G)** b 200 m **(H)** c 250 m **(J)**

11 Wie viele Laternen befinden sich auf der Seebrücke?

a 22 **(E)** b 24 **(U)** c 26 **(A)**

12 Am Ende der Seebrücke hängt das Wappen von Bad Doberan. Welche Tiere sind darauf abgebildet?

a Ente und Hirsch **(K)** b Schwan und Reh **(L)** c Schwan und Hirsch **(S)**

Vom Ende der Seebrücke habt ihr einen tollen Blick auf die Ostsee mit ihren Segelschiffen, Fähren und Frachtern. Im Osten seht ihr das Seebad Börgerende und im Westen Kühlungsborn mit seiner Seebrücke. Wenn ihr zurück zum Strand blickt, erkennt ihr ein Gebäude, das wie eine Burg aussieht. Über dieses Gebäude möchte ich euch mehr berichten.

Burg Hohenzollern

Diese Burg war ein Traum des Großherzogs von Mecklenburg Paul Friedrich (1800–1842) und seiner Gemahlin Alexandrine. Sie wurde als Gästehaus von dem Architekten Georg Adolph Demmler um 1844 errichtet. Der Name erinnert an die preußische Herkunft seiner Frau. Zahlreiche Umbaumaßnahmen und Umbenennungen künden von einer bewegten Geschichte. Nachdem es von 1845 bis 1939 in Logierzimmern Gäste beherbergte, diente es während des Zweiten Weltkrieges als Unterkunft für Kadetten, danach als Notunterkunft für Flüchtlinge und zu DDR-Zeiten als Erholungsheim für Bergleute. Damals hieß es Haus »Glück auf«. Nach einer umfangreichen Sanierung gehört es seit 2003 zum Grand Hotel Heiligendamm und beherbergte sogar den ehemaligen amerikanischen Präsidenten George W. Bush.

13 Wie viele Türme hat die Burg Hohenzollern?

a 1 **(B)** b 2 **(A)** c 3 **(H)**

14 Wofür werden die überdachten Stangen rund um die Burg genutzt?

a als Lampen **(E)**

b als Taubenhäuser **(U)**

c zum Bau von Schwalbennestern **(N)**

Wir laufen nun von der Seebrücke zurück an Land und stehen vor dem wichtigsten und schönsten historischen Gebäudeensemble Heiligendamms: links seht ihr das Grand Hotel, vor euch das Kurhaus und rechts das Haus Mecklenburg. Hier standen zur Zeit der Gründung des Seebades nur acht Badehütten, ein Brückensteg und ein Badehaus. Was heute aus dem Badehaus geworden ist, seht ihr am Haus Mecklenburg.

Haus Mecklenburg

Herzog Friedrich Franz I. ließ hier 1795/96 ein steinernes »Badehaus« im Stil eines barocken Landschlösschens von dem Architekten J.C.H. von Seydewitz errichten. Bald wurde es aber für die rasch wachsende Zahl von Badegästen zu klein, und Großherzog Paul Friedrich ließ es 1838 von Baumeister Demmler zum »Logierhaus« umbauen. Das Gebäude wurde erhöht, mit zahlreichen Zimmern ausgestattet, und auf dem flachen Dach thronte ein kleines Türmchen. Später, 1873, kam der viergeschossige Kopfbau an der Seeseite hinzu und das Haus erhielt sein heutiges Aussehen. Seit 1850 wird es »Haus Mecklenburg« genannt.

15 Was befindet sich auf dem Dach des Hauses?

a Wetterhahn **(P)** b Wetterfahne **(B)** c Radarantenne **(S)**

16 Wie wird das Haus Mecklenburg heute genutzt?

a Logier- und Badehaus **(T)** b Casino und Bar **(U)** c Hotel und Café **(A)**

Jetzt werft einmal einen Blick auf das imposante Bauwerk mit den Säulen links daneben.

Kurhaus

Das Kurhaus wurde von Baumeister Severin als Empfangs-, Gesellschafts-, Tanz- und Speisehaus errichtet. Es wurde 1814 bis 1816 rechtwinklig an das bestehende Badehaus angebaut. Mit seinen dorischen Säulen gilt es als »Musterbeispiel« des norddeutschen Klassizismus. Heute befinden sich in diesem »Tempel am Meer« Restaurants, ein neun Meter hoher Ballsaal und Veranstaltungsräume. Den Eingang schmückt ein halbrundes Relief der Göttin Hygicia mit Schale und Schlange, den Attributen der Heilkunde. Links und rechts von ihr tummeln sich Nereiden und Tritonen, antike Mischwesen der Meere, mit Geschenken. Die Zeit der Aufklärung hatte begonnen, und statt Puder, Parfum und Korsetts hielt Hygiene Einzug in die Paläste und Domizile der europäischen Bevölkerung. Übrigens: Das leuchtende Blau stammt von Pigmenten des gemahlenen Halbedelsteins Lapislazuli, der heute teurer ist als Gold.

HEICTE LAETITIA INVITAT POST BALNEA SANUM

17 **Was bedeutet die lateinische Inschrift »HEIC TE LAETITIA INVITAT POST BALNEA SANUM« am Gebäude?**

- **a** Hier erwartet dich Frohsinn, entspringst du gesundet dem Bade. **(D)**
- **b** Hier erwartet dich Sport und Spiel, entspringst du gesäubert dem Bade. **(P)**
- **c** Hier erwartet dich Schmaus und Braus, entsteigst du gesalbet dem Bade. **(E)**

18 **Wie viele Säulen schmücken das Eingangsportal des Kurhauses?**

a 4 **(S)** **b** 6 **(N)** **c** 8 **(E)**

Seht euch nun den gigantischen Findling vor dem Hauptgebäude des Grand Hotels an. Dies ist unsere letzte Station.

Gedenkstein »Friedrich Franz I.«

Zum Gedenken an den Gründer und aus Anlass des 50jährigen Bestehens des Seebades Heiligendamm wurde unter der Leitung des Baumeisters Demmler 1843 dieser kolossale Findling aufgestellt. Demmler ließ damals den Giganten von Elmenhorst (bei Rostock) bis an diesen Platz transportieren – ein ungeheures Unterfangen. Die Beförderung dauerte trotz damals modernster Technik ein Jahr, obwohl die Strecke nur 11 Kilometer betrug.

19 **Schätzt einmal, wie schwer der Findling ist.**
Kleiner Tipp: ein afrikanischer Elefantenbulle wiegt etwa fünf Tonnen.

a 55 Tonnen **(R)** b 110 Tonnen **(E)** c 220 Tonnen **(N)**

Fardig! Hest du dat Lösungwuurd in dei Kästchens rinnschräwen? Dat hest du gaut mokt! Bet taun anner mal! Tschüß, dien Johann

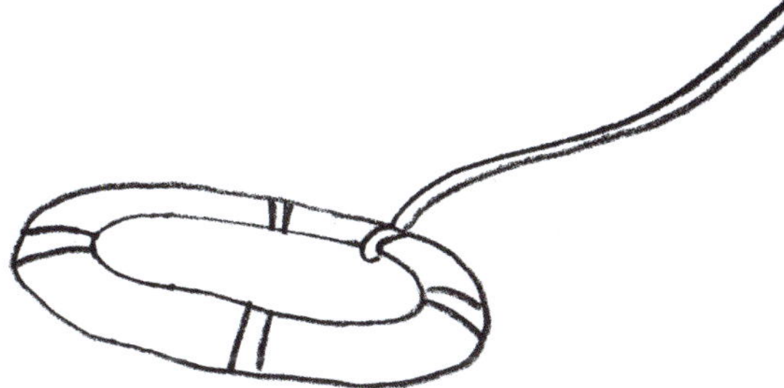

Lösungssatz:

Jedes Jahr im Juni findet ein besonderes Fest in Heiligendamm statt, bei dem sich Jung und Alt in modischen Badekostümen der 1920er Jahre in die kühlen Fluten der Ostsee stürzen. Wie heißt dieses Spektakel? Wenn ihr dabei sein möchtet: Mutigen Badegästen leiht das Grand Hotel Heiligendamm historische Badeanzüge.

1 2 3 4 5 6 7 8 9 10 11 12

13 14 15 16 17 18 19

Plattdeutsches Wörterrätsel

Ik snack natürlich plattdüütsch as all de Lüd dunnemals för tweehunnert Johren in diese Gägend. Ik denk mal, ji kann dat nich allens verstahn. Dor heww ik ji mal ein por Wüürd upschräwen in dei Radels. Lat mal kieken, ob ji allens finden deit. (Ich spreche natürlich plattdeutsch wie alle Leute damals vor 200 Jahren in dieser Gegend. Ich denke, ihr werdet nicht alles verstehen. Daher habe ich euch im Rätsel einige Wörter aufgeschrieben. Mal sehen, ob ihr alle findet.)

Sucht diese zwanzig plattdeutschen Wörter im Buchstabengitter. Ihr findet sie waagerecht, senkrecht oder diagonal. **Tahlen** (Zahlen); **een** (eins); **twee** (zwei); **dree** (drei); **vier** (vier); **fief** (fünf); **söss** (sechs); **söben** (sieben); **acht** (acht); **nägen** (neun); **tein** (zehn); **föftig** (fünfzig); **hunnert** (hundert); **Kark** (Kirche); **lütt** (klein); **Diern** (Mädchen); **Johr** (Jahr); **verstahn** (verstehen); **Lüüd** (Leute); **plattdüütsch** (Plattdeutsch)

T	A	H	L	E	N	L	O	U	A	V	E	R	S	T	A	H	N
P	L	A	T	T	D	Ü	Ü	T	S	C	H	P	I	X	T	Ö	Ü
E	R	T	W	E	E	Ü	F	X	R	A	H	U	F	I	E	F	S
F	E	U	Q	Y	I	D	L	Ö	P	E	Z	T	N	J	I	B	T
Ö	G	N	Ä	G	E	N	J	Ü	F	H	I	D	E	N	N	Ä	V
L	Ü	T	T	U	E	P	E	O	J	T	T	V	B	U	E	O	C
E	N	E	K	A	R	K	G	V	H	A	I	S	Ö	S	S	R	I
D	O	I	W	H	D	I	E	R	N	R	K	G	S	Ö	F	Ü	T

Malt hier das richtige Wappen von Bad Doberan hin!

Charlottes Zeitreise – Eine Badegeschichte

Charlotte lag bäuchlings im Sand und schaute auf das Meer. Segelboote und Surfer glitten über das blaugrüne Wasser, eine weiße Fähre fuhr nach Dänemark. Mama döste im Strandkorb, Papa und Erik bauten eine Sandburg.

Charlotte betrachtete ihre Steine und Muscheln, die sie im flachen Wasser gesammelt hatte. Eine Muschel schimmerte hellrosa in der Sonne, eine andere tiefschwarz, und ein Stein hatte ein Loch in der Mitte. Das ist ein Hühnergott, ein Glücksbringer. Charlotte schaute hindurch und alles, was sie sah, erschien vergrößert: ihre Mutter, Erik, die Segelschiffe und die tobenden Kinder im Wasser. Auch eine wuchtige Welle, die direkt auf sie zukam. Charlotte erschrak und kniff schnell die Augen zusammen.

Als sie sie wieder aufschlug, zogen die Schäfchenwolken gemächlich am Himmel dahin, und das Meer plätscherte verspielt an den Strand. Keine großen Wellen in Sicht. Sie blickte zum Strandkorb. Doch da war kein Strandkorb. Ihre Mutter samt Strandkorb und Badetuch waren verschwunden. Sie schaute zu Papa und Erik. Nichts. Kein Papa, kein Erik, keine Sandburg. Auch nicht der kleinste Hügel war an der Stelle, an der sie gebuddelt hatten. Dafür drangen von der Promenade Stimmen herüber.

Der Strand hatte sich verändert. Kein einziger Strandkorb war mehr zu sehen, kein Windschutz, keine Strandmuschel, kein Sonnenschirm. Nicht ein einziges buntes Badetuch konnte Charlotte entdecken. Stattdessen steckten komische Häuschen im Sand, im flachen Wasser standen Holzwagen und auf den Wellen schaukelte ein altes Segelboot. Und die Seebrücke hatte nicht einen, sondern zwei Stege mit mehreren Querverbindungen.

»Was hat das zu bedeuten?« Charlotte war in Heiligendamm, das war klar. Aber alles sah ganz anders aus als sonst. Ein Mädchen sprach sie an. »Kann ich dir helfen? Du siehst aus, als würdest du etwas suchen.« Charlotte starrte das Mädchen an. Sie hatte blonde Zöpfe, trug ein langes hellblaues Kleid und einen Hut mit Schleife. Das Mädchen musste etwa zwölf sein, so alt wie Charlotte. »Ich wollte eigentlich baden gehen«, antwortete Charlotte verdutzt. »Fein, ich auch. Wir können ja gemeinsam zum Bad gehen.« Das Mädchen spielte mit ihrem Sonnenschirm. »Oh, ich habe mich ja noch nicht vorgestellt. Mein Name ist Emma Marie Mittelstaedt.« Sie streckte Charlotte die Hand hin. »Hi, ähm…«, stotterte Charlotte. »Ich bin Charlotte Breuer. Aber wieso Bad? Wir können doch hier baden.«

»Hier?« Emma lachte. »Du bis wohl zum ersten Mal hier, was? Komm, ich führe dich herum. Ich komme jedes Jahr mit meinen Eltern hierher.« Emma sprudelte jetzt wie ein Wasserfall. Sie erzählte von ihren Eltern, die wahrscheinlich immer noch mit dem Herzog zu Tisch saßen, während sie schon an den Strand gelaufen war. »Eigentlich soll man ja nicht so schnell nach dem Essen baden. Professor Vogel ist sehr streng, wenn es um die Einhaltung seiner Baderegeln geht. Aber ich finde Regeln ermüdend, du nicht auch? Außerdem ist mir entsetzlich heiß, und ich benötige dringend eine Erfrischung.«

Charlotte fand, dass Emma sich irgendwie komisch ausdrückte, als wollte sie besonders vornehm klingen. Aber vielleicht würde Charlotte von Emma herausbekommen, wo ihre Eltern waren und was hier eigentlich vorging. »Der Herzog?«, fragte Charlotte nun sehr interessiert. »Meinst du etwa den Großherzog Friedrich Franz?« »Ja, natürlich«, entgegnete Emma. Langsam dämmerte es Charlotte, was geschehen war.

Sie war immer noch in Heiligendamm, aber in einer anderen Zeit. »Sag mal, welches Jahr haben wir?«, fragte Charlotte. Emma schaute sie verblüfft an. »Was ist denn das für eine Frage? 1805.«

Nun war Charlotte alles klar. Sie war über zweihundert Jahre in der Zeit zurück gereist. Wie aufregend! Charlotte liebte Geschichten über frühere Zeiten, und sie hatte sich immer gewünscht, einmal eine Zeitreise zu machen. Da sie nun schon einmal in der Vergangenheit war, konnte sie sich hier ruhig umschauen. Sorgen darüber, wie sie wieder zurück in ihre Zeit kam, machte sie sich nicht. Das würde sich schon ergeben. Schnell lief sie hinter Emma her.

»Du kennst wirklich den Herzog?«, fragte sie ihre neue Freundin. »Ich würde ihn gern mal treffen.« »Gut, dann komm doch morgen mit uns zum Table d'hôte.« »Tablett was?«, fragte Charlotte verständnislos. »Table d'hôte, das ist französisch und heißt Tafel des Gastgebers«, erklärte Emma. »Du sprichst wohl kein Französisch, was? Die Badegäste speisen gemeinsam im Salongebäude in Doberan. Meine Eltern sind jeden Tag da. Sie erfreuen sich der kulinarischen Genüsse und der heiteren Konversation, sagen sie.« Charlotte hörte mit großen Augen zu. Das wäre was, mit dem Herzog Mittag zu essen.

»Gehst du lieber im Badekarren ins Wasser oder in der Schaluppe? Die Schaluppe kann ich nicht empfehlen.« Charlotte verstand gar nichts. »Ich weiß nicht ...«, stammelte sie. »Ach so, du warst ja noch nicht hier«, entgegnete Emma, die ihr nun alles über das Baden in Heiligendamm erzählte: »Dort hinten fährt eine Schaluppe.« Sie zeigte auf das Segelboot, das Charlotte schon gesehen hatte. »Wir müssen ein Ticket kaufen, aber die Leute sind nicht sehr erpicht auf ein Bad mit der Schaluppe. Meine Mutter hat es probiert, und jedes Mal wurde sie seekrank.« »Wie badet man denn in einer Schaluppe?«, wollte Charlotte wissen.

»Man segelt mit dem Schaluppenmeister und seinem Gehilfen auf See. Im Badezimmer entkleidet man sich, allein versteht sich, und steigt über eine Treppe in einen runden Badekasten. Der sieht aus wie ein Gefängnis. Er ist zwei Quadratmeter groß und hat ein Gitter drum herum. Der Schaluppenmeister senkt den Kasten dann ins Wasser, so tief wie du möchtest. Ich jedenfalls will in diesem Aalkasten nicht nochmal baden, das ständige Schaukeln ist nicht zum Aushalten. Der Badekarren ist viel angenehmer.«

»Klingt ja nicht sehr lustig«, fand Charlotte. »Ja« bestätigte Emma, »bisweilen ist es wirklich wenig vergnüglich. Deshalb bauten sie im vergangenen Jahr eine Schaluppe für Lustfahrten um.«

Einen Badekarren hatte Charlotte schon einmal gesehen, im Museum in Bad Doberan. Das waren fahrbare Umkleidekabinen, die den Weg über Sand und Steine ins Wasser erleichterten und mit ihrem Fallschirm vor lästigen Blicken schützten. Und wenn man schwimmen wollte, brauchte man nur die »Anstandshaube« hochzuziehen. Sie standen tagsüber im flachen Wasser und wurden abends mit Flaschenzügen an Land gezogen.

»Wir können auch zum Damensteg gehen«, schlug Emma vor und zeigte auf einen kleinen Steg, der ins Wasser führte und am Ende eine Haube hatte, unter dem die Damen nackt badeten. »Und wo baden die Männer?«, fragte Charlotte, die jetzt alles genau wissen wollte.
»Dort hinten, siehst du, wo die acht weißen Häuschen am Strand stehen. Das sind die Umkleidekabinen. Man kann sie auf ihrem eisernen Pflock gegen den Wind drehen. Von Stegen springen die Herren ins Wasser – natürlich im Natur-Kostüm.« Emma kichert. »Man kann ihr Geschrei bis hierher hören. Manchmal muss Johann – das ist unser Matrose und Bademeister – einen aus dem Wasser ziehen.« Nun musste Emma herzlich lachen. Auch Charlotte musste lachen. So kompliziert hatte sie sich das Baden vor zweihundert Jahren nicht vorgestellt, schon gar nicht, dass die Leute im »Natur-Kostüm«, also nackt, badeten. Gemeinsam gingen die Mädchen zum Steg.

»Komm«, rief Emma, »wir gehen einfach zusammen unter die Haube. Zu zweit ist das Baden viel lustiger.« Und sie spritzte Charlotte ein paar Wassertropfen ins Gesicht. Charlotte kniff die Augen zusammen. »He, lass das!«, rief sie. Gerade wollte sie zurück spritzen und streckte ihre Hand ins Wasser. Doch da fühlte sie nur Sand zwischen ihren Fingern.

Überrascht machte sie die Augen auf. »Was ist, du wolltest doch baden«, rief Papa und zielte mit Eriks Spritzpistole auf Charlottes Bauch. Charlotte rieb sich die Augen. »Ich muss wohl kurz eingeschlafen sein.« »Du hast geschnarcht wie ein Löwe«, lachte Papa. »Kommst du jetzt mit ins Wasser, oder willst du hier Wurzeln schlagen?«

»Mensch, Papa«, rief Charlotte übermütig und rannte in die Wellen, »bin ich froh, dass ich nicht vor zweihundert Jahren gelebt habe. Baden war früher wirklich kein Vergnügen. Aber den Großherzog, den hätte ich gern einmal getroffen.«

»Die gesündeste und wohlfeilste Art, hier zu baden ...«

Als das öffentliche Baden im Meer vor 200 Jahren in Heiligendamm begann, diente es in erster Linie der Gesunderhaltung und Heilung und versprach wenig Vergnügen. Prof. Dr. Vogel, der erste Badearzt im Seebad, beschrieb in seinen **Baderegeln** genaue Anweisungen über die »gesündeste und wohlfeilste Art hier zu baden«:

»Man muss nie bald nach Tische und mit vollem Magen baden. Die beste Zeit ist vormittags, nach Beschaffenheit und Witterung, von 7 Uhr bis eine Stunde vor Tische. Man kann aber auch von 3 Stunden nach Tische bis abends 6–7 Uhr baden.

Je froher und furchtfreier man ins Bad steigt, desto besser.

Nachher ist eine sanfte Bewegung sehr nützlich.

Mit Badehemde, mit Beinkleidern, oder sonst einer Bedeckung ins Bad zu gehen, ist in der Regel zu widerraten.« *(aus den Baderegeln von Prof. Dr. Samuel G. Vogel, 1798)*

Und was von außen wirkt, kann ja auch von innen nur gut tun, dachten Badeärzte der späteren Jahre, und verabreichten Meerwassertrinkkuren, die jedoch häufig zu Übelkeit führten.

Die **Badeschaluppe** wurde 1808 abgeschafft, und 1831 wurde das **Damenbad**, 300 Schritt vom Badehaus entfernt unterhalb des Alexandrinen-Cottages, errichtet. Das Gebäude hatte einen Warteraum, 12 Umkleidezimmer und sechs durch hohe Bretterwände getrennte Baderäume in der See. Jeweils eine Dame schritt ins Wasser, plätscherte, schwamm und sprang vielleicht vom Sprungtisch. War sie fertig, zeigte sie es ihrer Nachbarin durch ein Klingelzeichen an, damit diese dann allein die Badekabine nutzen konnte.

Herren und Damen badeten natürlich weit entfernt voneinander. Weil die Herren aber sehr geräuschvoll beim Baden waren, wurde das **Herrenbad** 1844 etwa 500 Schritte nach Osten verlegt. Es umfasste ein Steingebäude mit 23 Umkleidekabinen und einer Bretterwand, die den Badeplatz im Westen abschirmte, Stege, Treppen, Sprungbretter und einen vier Meter hohen Sprungtisch.

Erst im Jahre 1903 erhielt Heiligendamm ein **Familienbad**. Dort hatten die Badenden – wie in allen deutschen Bädern damals – undurchsichtige, den ganzen Körper bedeckende Badeanzüge zu tragen. Doch mittlerweile wollten die Damen in ihren Badeanzügen vor den Herren eine gute Figur machen und die Bademode entwickelte sich.

Ab Mitte der 1920er Jahre wurde dann das anderswo längst übliche **Freibaden** offiziell in Heiligendamm erlaubt – also das Baden außerhalb der Badeanstalten. Einige fürwitzige Badelustige trauten sich sogar wie in Vogels Zeiten im »Natur-Kostüm« ins Wasser – natürlich mit der gebotenen Vorsicht vor fremden Blikken.

RASANTE RALLYE AUF DEM DRAHTESEL VON BAD DOBERAN NACH HEILIGENDAMM

ab 7 Jahren | Entfernung ca. 9 km | Dauer 1,5 Stunden mit Pausen

Hallo liebe Entdecker,

ich bin Freiherr Karl von Drais, der Erfinder der Draisine. Diese Laufmaschine ist die Urform des Fahrrades – nur ohne Pedalen. Um meine Erfindung zu präsentieren, trat ich 1820 gegen den Läufer des Großherzogs Friedrich Franz I. an. Bei einer Runde um den Kamp in Doberan wollte ich beweisen, dass mein Laufrad schneller ist als die Beine des Läufers. Man konnte mit ihm die dreifache Gehgeschwindigkeit erreichen. Der Läufer war aber recht flink und der Boden für meine Draisine zu weich. Doch der Großherzog hatte auf mich gewettet, da musste ich einfach gewinnen. Also nahm ich auf der Zielgeraden mein Laufrad kurzerhand auf die Schultern – so war ich schneller. Und da es abgemacht war, dass ich *mit* dem Gefährt (nicht *auf* ihm) ins Ziel kommen sollte, hatte der Läufer das Nachsehen. In einem anderen Wettkampf schlug ich als »Draisinenreiter« das Sechsergespann des Großherzogs auf der Strecke Doberan-Heiligendamm. Diese Strecke möchte ich heute mit euch erkunden.

Auf unserem Ausflug sollt ihr verschiedene Aufgaben lösen. Dabei müsst ihr Dinge ausfindig machen, zählen oder erraten. Nach jeder gelösten Aufgabe bekommt ihr einen Buchstaben und alle zusammen ergeben ein Lösungswort.

So einfach geht's:

Texte und Fragen zu den Gebäuden genau durchlesen,
Lösungsbuchstaben (X) herausfinden,
Buchstaben im Lösungsfeld auf Seite 82 eintragen. Fertig!

Seid ihr bereit? Dann los! Wir starten unsere Tour auf dem Marktplatz in Bad Doberan. Von dort fahren wir in westlicher Richtung in die Neue Reihe, eine alte Handwerkerstraße, bis wir zu einem kleinen Teich kommen.

Schmarlteich

Weil der Teich in einer Senke liegt, flossen hier früher die Abwässer der Gossen hinein. Schmutziges Wasser und Fäkalien verunreinigten das Wasser. So liest man in alten Schriften auch von Streitigkeiten über ein stinkendes Wasserloch, und mit ein wenig Fantasie lässt sich der Name Schmarlteich von diesem Schmutzloch ableiten. Heute wird das Abwasser getrennt entsorgt, und im sauberen Teich wachsen Seerosen und Schilf. Sogar Fische schwimmen darin, aber angeln darf nur, wer eine Erlaubnis des Angelsportvereins der Stadt besitzt.

1 Was befindet sich hinter dem Schmarlteich?

- a Spielplatz und Gärten **(G)**
- b ein Wohngebiet **(K)**
- c Kornfelder und Buchenwälder **(L)**

Gleich neben dem Schmarlteich seht ihr unsere nächste Station: ein großes, zurückgesetztes Haus, das zum ehemaligen Forstgehöft gehörte.

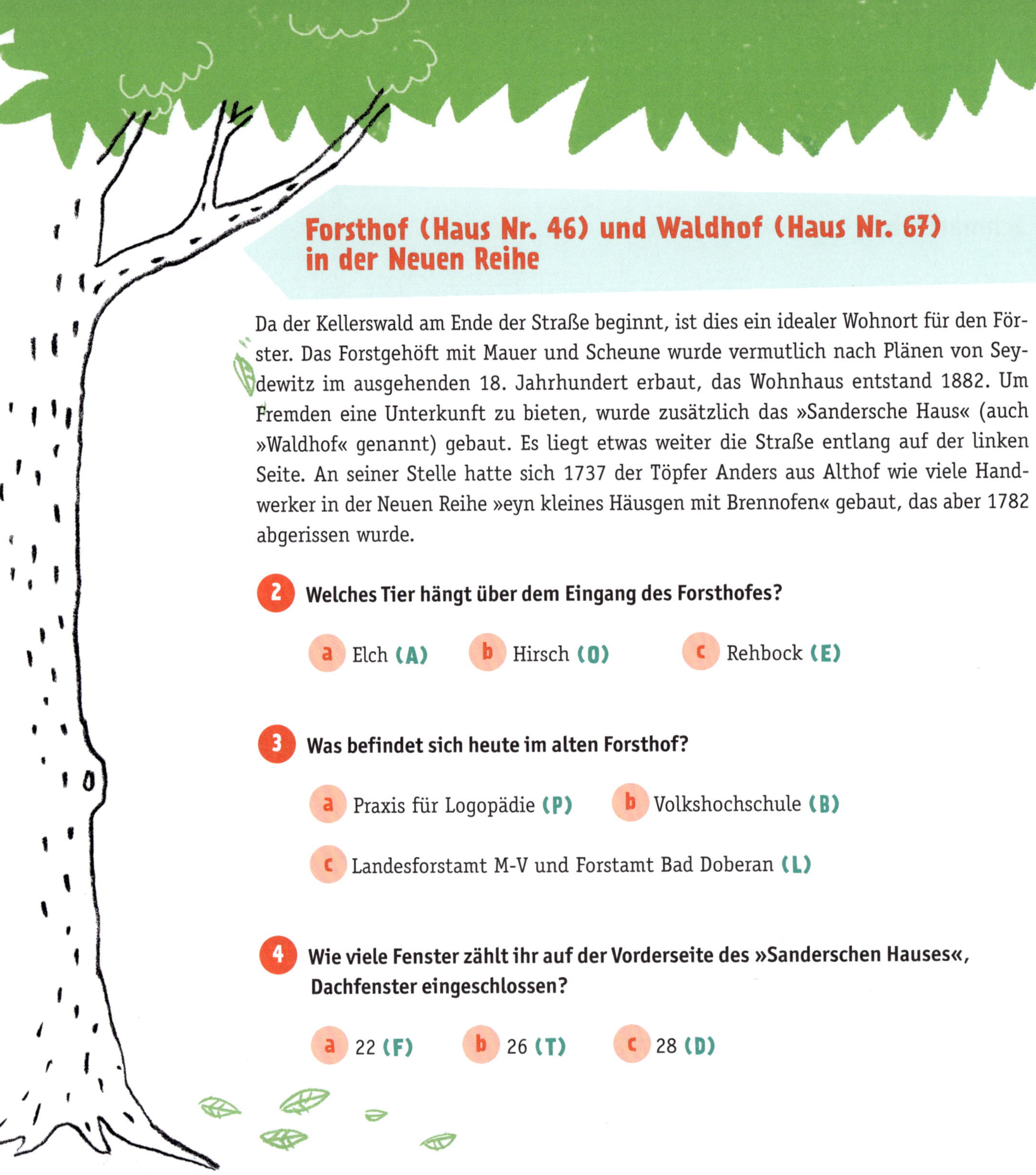

Forsthof (Haus Nr. 46) und Waldhof (Haus Nr. 67) in der Neuen Reihe

Da der Kellerswald am Ende der Straße beginnt, ist dies ein idealer Wohnort für den Förster. Das Forstgehöft mit Mauer und Scheune wurde vermutlich nach Plänen von Seydewitz im ausgehenden 18. Jahrhundert erbaut, das Wohnhaus entstand 1882. Um Fremden eine Unterkunft zu bieten, wurde zusätzlich das »Sandersche Haus« (auch »Waldhof« genannt) gebaut. Es liegt etwas weiter die Straße entlang auf der linken Seite. An seiner Stelle hatte sich 1737 der Töpfer Anders aus Althof wie viele Handwerker in der Neuen Reihe »eyn kleines Häusgen mit Brennofen« gebaut, das aber 1782 abgerissen wurde.

2 Welches Tier hängt über dem Eingang des Forsthofes?

a Elch **(A)** b Hirsch **(O)** c Rehbock **(E)**

3 Was befindet sich heute im alten Forsthof?

a Praxis für Logopädie **(P)** b Volkshochschule **(B)**

c Landesforstamt M-V und Forstamt Bad Doberan **(L)**

4 Wie viele Fenster zählt ihr auf der Vorderseite des »Sanderschen Hauses«, Dachfenster eingeschlossen?

a 22 **(F)** b 26 **(T)** c 28 **(D)**

5 **Wie viele Treppenstufen führen zum Eingang des Waldhofes?**

a 5 **(A)** **b** 6 **(E)** **c** 7 **(R)**

Die Neue Reihe endet beim Sonderpädagogischen Förderzentrum.
Wir fahren links in den Bollhäger Weg (Waldweg) und biegen nach ca. 100 Metern rechts in den Jagddammweg. An der Wegkreuzung steht das Wasserwerk, das seit 1927 Bad Doberan und die umliegenden Orte mit Trinkwasser versorgt. Auf unserem Weg überqueren wir das Bollhäger Fließ und kommen zur Dammchaussee, unserer nächsten Station.

(Alternativ könnt ihr auch geradeaus am Waldrand entlang, an Feldern und Weiden vorbei, auf dem Bollhäger Weg nach Vorder Bollhagen fahren. Der unbefestigte Weg ist etwas beschwerlicher als der Radweg an der Hauptstraße. Kurz bevor der Waldweg in eine Betonstraße übergeht, führt rechts ein Feldweg zur Galopprennbahn. Wenn ihr den Hügel hinaufsteigt, könnt ihr einen Blick auf die Rennbahn werfen.)

Lindenallee zwischen Bad Doberan und Heiligendamm

1854 angelegt, gilt sie heute als eine der ältesten, längsten und schönsten Lindenalleen Europas. In ihrer Geschlossenheit wirkt sie wie ein grünes Gewölbe einer Kathedrale. Die Allee führt in das älteste deutsche Seebad, vorbei an Deutschlands ältester Pferderennbahn. Von hier habt ihr einen wunderbaren Blick über Felder und Wiesen und zurück nach Bad Doberan.

6 **Wie heißt die Dampfeisenbahn, die entlang der herrlichen Lindenallee schnauft?**

a Molli **(N)** **b** Mollige Marianne **(M)** **c** Rasender Roland **(K)**

7 **Wie heißt der Stadtteil Bad Doberans, den ihr auf der anderen Straßenseite in der Ferne seht?**

a Buchenberg **(Y)** **b** Kammerhof **(E)** **c** Althof **(I)**

Von hier radeln wir auf dem Radweg weiter nach links in Richtung Heiligendamm, bis wir zu einem eingezäunten Gelände und einer Gruppe alter Linden auf der linken Seite kommen: dort ist die Rennbahn Bad Doberans.

Doberaner Galopprennbahn

Hier seht ihr die älteste Galopprennbahn Deutschlands und des europäischen Festlandes. Pferderennen waren um 1800 »en vogue« (in Mode) und bereits 1804 wurden erste Pferderennen der Badegesellschaft auf freiem Feld veranstaltet. 1822 fand das erste Galopprennen mit Vollblutpferden auf der Doberaner Rennbahn nach festen Regeln statt. Im gleichen Jahr wurde der Doberaner Rennverein gegründet. Ein Jahr später, 1823, schenkte Großherzog Friedrich Franz I. dem Rennverein dieses Gelände, das zur Galopprennbahn ausgebaut wurde. Er legte fest, dass der 13. August der jeweils erste Renntag zu sein und mit einem »Bauernrennen« für Pferde der Landbevölkerung zu beginnen hatte. 1827/28 entstand eine hölzerne Zuschauertribüne nach Plänen Demmlers, später wurde sie durch eine steinerne ersetzt. Leider froren die Menschen im Winter 1946/47 so schrecklich, dass sie die hölzernen Tribünenteile verheizten und die Steine als Baumaterial nutzten. Erst 1993, zur 200-Jahr-Feier Heiligendamms, fanden erstmals seit dem Zweiten Weltkrieg wieder Galopprennen mit Vollblutpferden auf der Doberaner Rennbahn statt.

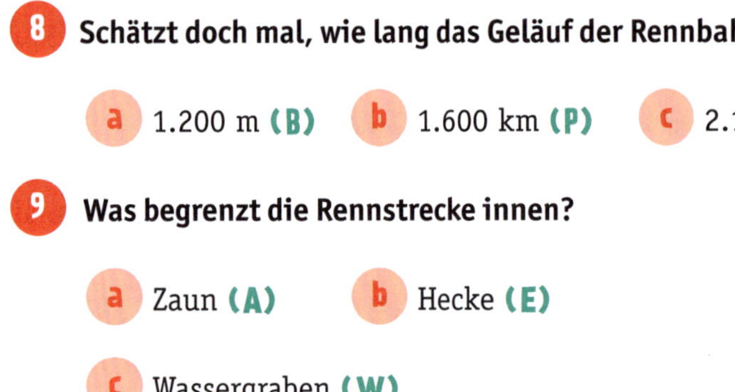

8 Schätzt doch mal, wie lang das Geläuf der Rennbahn ist.

a 1.200 m **(B)** b 1.600 km **(P)** c 2.100 m **(G)**

9 Was begrenzt die Rennstrecke innen?

a Zaun **(A)** b Hecke **(E)**

c Wassergraben **(W)**

Entlang der Schienen geht es nun nach Heiligendamm. Auf der anderen Straßenseite wiegen sich die Buchen im »Großen Wohld«, durch den man wunderbar wandern und herumstrolchen kann.

Für besonders rasante Radler: Ausflug zum Gut Vorder Bollhagen (ca. 1,5 km)

Alternativ könnt ihr einen Abstecher nach Vorder Bollhagen, einen Ortsteil Bad Doberans, machen. Dazu fahrt ihr am Kreisverkehr weiter in Richtung Kühlungsborn und biegt links zum Dorf Vorder Bollhagen ab. Im Dorf fahrt ihr geradeaus über die Kreuzung und kommt zur unserer Zusatz-Station, dem Gut Vorder Bollhagen. Texte und Fragen hierzu findet ihr am Ende dieser Rallye auf Seite 84. Nach einem Besuch auf dem Gut und im Bioladen radelt ihr zurück zur Hauptstraße und entlang der Molli-Schienen weiter nach Heiligendamm.

In Heiligendamm fahren wir durch den Ort, vorbei am Grand Hotel und biegen vor dem Bahnübergang rechts in die Straße »Kinderstrand« ein. Wir fahren an der Median-Klinik vorbei und biegen hinter der Klinik links in den Wald. Ein Wegweiser zeigt uns den Weg zu unserer nächsten Station, der evangelischen Waldkirche.

Evangelische Waldkirche

Als 1888 die katholische Kapelle in Heiligendamm eingeweiht wurde, beschwerten sich evangelisch-lutherische Badegäste, dass es für sie keine Kirche im Ort gab. Daraufhin stiftete Großherzog Friedrich Franz III. 1893 diesen Bauplatz mitten im Wald, wo er als Kind oft gespielt hatte, und 10.000 Goldmark für den Bau einer Kirche. Damit erinnerte er an die Gründung des ersten deutschen Seebades 100 Jahre zuvor. Im Juli 1904 wurde die unter Leitung des Geheimen Baurates Möckel errichtete Kapelle feierlich eingeweiht. Im August 1943 verfinsterte sich der Himmel so sehr, dass die Besucher des Gottesdienstes nicht mehr im Gesangbuch lesen konnten. Die Rauchschwaden des brennenden Hamburg hatten Heiligendamm erreicht und ein verirrter englischer Bomber warf dabei zahlreiche Bomben im Wald um die Kirche ab. In den Nachkriegsjahren wurde die Kirche völlig ausgeplündert. Erst 1951 wurde sie wieder für Gottesdienste genutzt und 2005 bis 2011 umfangreich saniert.

10 Was befindet sich unmittelbar vor dem hölzernen Eingang der Kapelle?

a ein Taufstein **(K)** b eine Engelsfigur **(U)** c ein eisernes Tor **(I)**

11 Wie viele Kreuze befinden sich auf dem Dach der Kirche?

a 2 **(T)** b 3 **(S)** c 4 **(B)**

Von der Kirche fahren wir auf dem Waldweg zurück zur Weggabelung, biegen nach links und fahren bis zur nächsten Gabelung. Rechts geht es zum Parkplatz am Kinderstrand. Wir fahren noch fünfzig Meter geradeaus zum kleinen Teich.

Spiegelsee in Heiligendamm

Früher war dieser kleine, vom Wald umschlossene Weiher ein beliebtes Ausflugsziel. Im Jahr 1913 ließ sich der berühmte Dichter Rainer Maria Rilke (1875–1926) hier zu dem Gedicht »Waldteich, weicher, in sich eingekehrter« inspirieren. Heute verirren sich nur wenige Touristen zum Picknick oder Plauschen an den zugewachsenen See und lauschen dem Gelispel des Schilfs und dem Rauschen des Laubes der mächtigen Buchen.

12 Woraus besteht die Brücke, die über einen kleinen Wasserablauf des Spiegelsees führt?

a Betonplatten **(H)** b Metallgitter **(D)** c Holzbohlen **(S)**

Nun fahren wir zurück zum Weg und links zum Parkplatz. Von hier seht ihr schon die Ostsee. Geht über den Parkplatz und schiebt eure Räder in den Wald, der unsere vorletzte Station ist.

Gespensterwald

Der richtige Ort für eine gruselige Nachtwanderung! Der Wald entlang der Küste in Heiligendamm und Nienhagen wird wegen seiner oft bizarren und urwüchsigen Stämme und Äste auch Gespensterwald genannt. Schutz suchend vor den rauen Ostseestürmen biegen sich die Bäume dem Land entgegen. Von hier habt ihr einen tollen Ausblick auf das Meer. Und vielleicht begegnen euch am Abend einige Gespenster und Geister in diesem »Kleinen Wohld«.

13 **Wie heißt die Küstenform, die ihr hier seht?**

a Boddenküste **(K)** b Ausgleichsküste **(V)** c Steilküste **(C)**

Nun gehen wir zum Strand hinunter. Unsere Räder stellen wir am besten im Fahrradständer ab. Die Terrasse des Restaurants könnt ihr betreten – dies ist der einzige Zugang zum Strand.

Kinderstrand

Dies ist ein Strandabschnitt, der wegen seiner Abgeschiedenheit besonders gern von Familien, Hundebesitzern und FKK-Anhängern besucht wird. Der Wasserlauf, der gleich neben dem Strandzugang in die Ostsee mündet, kommt übrigens vom Spiegelsee.

14 **Wie viele hölzerne Stufen hat die Treppe, die zum Strand hinunter führt?**

a 20 **(H)** b 21 **(J)** c 22 **(Ö)**

15 **Welche Gehölze wachsen am Strandaufgang?**

a Strandhafer **(A)**

b Heckenrosen und Holunder **(E)**

c Schilf und Binsen **(I)**

Geschafft! Wenn ihr Lust habt, dann springt doch am Kinderstrand in die Fluten, oder stärkt euch im Restaurant. Sicher habt ihr das Lösungswort gefunden. Gut gemacht! Ich freue mich auf den nächsten Radausflug mit euch.

Euer Freiherr von Drais

Lösungswort:

Von 1826 bis 1936 fanden fast jährlich die »Friedrich-Franz-Rennen« auf der Galopprennbahn statt, veranstaltet vom Doberaner Rennverein. Wie hieß der Preis, um den Jockeys und Pferde damals kämpften?

Seit 1993 sind übrigens die Pferderennen auf der Doberaner Galopprennbahn wieder fester Bestandteil im deutschen Pferderennsport. Ihr könnt sie erleben im alljährlichen »Ostsee Meeting« im August, veranstaltet vom Doberaner Rennverein e.V. von 1922.

__ __ __ __ __ __ __

1 2 3 4 5 6 7

__ __ __ __ __ __ __ __

8 9 10 11 12 13 14 15

Falls ihr noch Lust und Kraft habt, könnt ihr mit dem Rad entlang der Molli-Schienen zurück nach Bad Doberan radeln. Wenn ihr erschöpft seid und euch die Puste ausgegangen ist, nehmt die Dampfeisenbahn. So eine Fahrt ist ein ganz besonderes Erlebnis!

Apropos Muscheln: Hört man in Muscheln wirklich das Meer rauschen? Muscheln mit einer Art Schneckengehäuse rauschen, wenn ihr sie ans Ohr haltet. Was ihr hört, ist allerdings nicht das Meer. In der Muschel befindet sich eine Luftsäule, genau wie in einer Trompete. Diese Luft wird durch Geräusche in Schwingung versetzt und erzeugt ein Eigengeräusch. Das Rauschen wird noch verstärkt, wenn andere Geräusche von außen auf die Muschel treffen. Wenn ihr also eure hohle Hand, ein Glas oder einen Becher an euer Ohr haltet, klappt es mit dem Rauschen genauso gut.

Apropos Strandkorb: Der Rostocker Hof-Korbmachermeister Wilhelm Bartelmann (1845–1930) konstruierte 1882 den ersten Strandkorb für die rheumakranke Elfriede von Maltzahn. Sie wünschte sich als Badegast in Warnemünde eine Sitzgelegenheit für den Strand. Die zurückklappbare Mechanik wurde erst 1897 von Johann Falck entwickelt.

Apropos Sand: Sand ist ein mineralisches Material mit einer Korngröße von 0,0006 bis zu 2 Millimetern, das durch die Verwitterung von Gesteinen entstanden ist.

Malt hier ein buntes Strandbild hin.

ZUSATZ: Gut Vorder Bollhagen

Der Hof Vorder Bollhagen wurde urkundlich erstmals 1596 erwähnt, als ihn ein Wismarer Bürger pachtete und bewirtschaftete. 1919 erwarb der Geheime Regierungsrat Dr. A. Backhaus das Gut, um es als Lehr- und Versuchsgut zu leiten. Nach dem Krieg wurde es Volkseigentum mit mehr als 250 Mitarbeitern. 2004 wurde der Hof mit einer landwirtschaftlichen Fläche von 670 Hektar unter Gutsverwalter Johannes Lampen auf ökologischen Landbau umgestellt. Seitdem beliefert er das Grand Hotel Heiligendamm mit köstlicher Ziegensalami und frischen Frühstückseiern. Im Gestüt Vorder Bollhagen werden außerdem Holsteiner Springpferde gezüchtet. Auf dem Hof könnt ihr Pferde, Kühe, Ziegen, Schafe, Enten, Gänse und Hühner beobachten und im Bio-Gutsladen täglich frisches Obst und Gemüse kaufen.

1 **Wie leben die Hühner auf dem Gut Vorder Bollhagen?**

a im Freiluftgehege **(R)**

b im mobilen Hühnerstall **(D)**

c im eingezäunten Waldgehege **(K)**

2 **Wie heißen die kleinen Bommeln, die einige Ziegen als Hautfortsatz am Hals tragen?**

a Troddeln **(O)** b Bimmeln **(A)** c Glöckchen **(I)**

3 **Wie nennt man schwangere Kühe?**

a dicklich **(P)** b tragend **(N)** c wuchtig **(G)**

4 **Wie heißen die verhornten Zehen von Wiederkäuern und Schweinen?**

a Klaue **(K)** b Doppelzeh **(M)** c Spaltfuß **(G)**

5 **Wie heißt das männliche Huhn?**

- **a** Federvogel **(A)**
- **b** Hahn **(E)**
- **c** Broiler **(C)**

6 **Wie heißt die Kartoffelsorte, die auf dem Gut angebaut wird ?**

- **a** Lisa **(R)**
- **b** Leila **(N)**
- **c** Linda **(L)**

Lösungswort:

Neben Kartoffeln, Weizen, Gerste, Hafer, Erbsen und Kleegras wird auch dieses Getreide auf dem Gut Vorder Bollhagen angebaut.

___	___	___	___	___	___
1	2	3	4	5	6

Malt hier eines der Tiere hin, die auf dem Gut Vorder Bollhagen leben.

WER IST WER in Bad Doberans und Heiligendamms Geschichte?

Kennt ihr euch in der Geschichte der Stadt Bad Doberan aus? Sucht zu jeder Persönlichkeit die passende Beschreibung. Schreibt unter die Zahlen den richtigen Buchstaben.

1. **Johann Christoph Heinrich von Seydewitz** (1748 – 1824)
2. **Frank Zappa** (1940 – 1993)
3. **Gotthilf Ludwig Möckel** (1838 – 1915)
4. **Friedrich Franz I., Großherzog von Mecklenburg** (1756 – 1837)
5. **Ehm Welk** (1884 – 1966)
6. **Karl Leopold, Herzog zu Mecklenburg** (1678 – 1747)
7. **Gaetano Medini** (1772 – 1857)
8. **Carl Theodor Severin** (1763 – 1836)
9. **Friedrich Franz II., Großherzog von Mecklenburg** (1823 – 1883)
10. **Fürst Heinrich Borwin I.** (gest. 1227)
11. **Karl Friedrich Freiherr von Drais** (1785 – 1851)
12. **Johann Both** (gest. 1835)
13. **Prof. Dr. Samuel Gottlieb Vogel** (1750 – 1837)

A. Er residierte einige Jahre in Doberan und ist im Münster beigesetzt, er schenkte der Witwe seines Jägers den Lindenhof.

B. bekannter Autor des Buches »Die Heiden von Kummerow«

C. Gründer des Klosters in Doberan

D. Er war ein badischer Erfinder, der 1817 die Draisine (Vorläufer des Fahrrades) und eine Laufkutsche erfand, denn wegen Missernten und Hungersnot starben damals viele Pferde. Auf dem Doberaner Kamp belächelten die Leute sein »Pferd, das kein Futter brauchte«.

E. Oberhofküchenmeister des Großherzogs, der aus Italien stammte

F. amerikanischer Musiker und Komponist, dem zu Ehren jährlich die Zappanale auf der Doberaner Rennbahn stattfindet

G. Landesbaumeister, der den Roten Pavillon auf dem Kamp und andere Gebäude in Doberan errichtete

H. erster Badegast im von ihm gegründeten ersten deutschen Seebad Heiligendamm, der im Doberaner Münster beigesetzt ist

I. Er studierte Medizin, gilt als »Vater des deutschen Seebades« und schrieb die »Allgemeinen Baderegeln«.

J. Er wurde mit 19 Jahren Großherzog, nach ihm wurde das »Friderico Francisceum« benannt.

K. mecklenburgischer Hofbaumeister, der das Logierhaus in Doberan erbaute

L. Er restaurierte das Münster und ersetzte den originalen Dachreiter durch einen höheren Glockenturm.

M. Matrose, war in Heiligendamm von 1809 bis 1835 als Bademeister tätig

1	2	3	4	5	6	7	8	9	10	11	12	13

NOCH MEHR RALLYES UND SCHNITZELJAGDEN DURCH BAD DOBERAN

Rallyes und Schnitzeljagden kann man überall machen: in der Stadt, durch Wald und Wiese, durch eure Wohnung oder Schule. Ich habe mir einige Schnitzeljagden für euch ausgedacht, die ihr zum Geburtstag oder zur Schulabschlussfeier durchführen könnt. Bittet eure Eltern oder Lehrer, euch bei den Vorbereitungen zu helfen. Viel Spaß!

Apropos: Warum heißt es eigentlich Schnitzeljagd und nicht Schnipseljagd? Früher wurden kleine Fetzen und Teilstückchen »Schnitzel« genannt. Bei der Schnitzeljagd sucht man nach abgerissenen Papierstückchen, also nach den »Schnitzeln«. Übrigens ist das Schweineschnitzel ja auch ein Stück des ganzen Schweinchens, weshalb das Gericht Schnitzel heißt.

Apropos: Was bedeutet eigentlich Rallye? Das Wort stammt von dem französischen Verb »rallier« – das heißt »sich sammeln, sich wiederversammeln«. Ursprünglich verstand man unter einer Rallye eine Auto- oder Motorradwanderfahrt mit verschiedenen Startpunkten und einem gemeinsamen Ziel. Dabei ging es darum, das Ziel besonders schnell zu erreichen und unterwegs Prüfungen auf schwierigem Gelände zu bestehen.

Hinweiskärtchen-Tipp: Wenn ihr die Hinweise auf weiße Blätter schreibt, fest zusammenrollt, die Seiten vorsichtig anbrennt und die verkohlten Reste mit einem Streichholz abkratzt, sehen die Hinweise richtig alt aus. Ihr könnt sie danach sogar noch mit Siegellack versiegeln.

Schatzkarten-Tipp: Ihr könnt auch eine Schatzkarte malen und als Puzzle zerschneiden. Die einzelnen Teile verschenkt ihr dann als Einladungskarten an eure Freunde. Sie sollen die Puzzleteile zur Feier wieder mitbringen, damit ihr gemeinsam die Schatzkarte zusammensetzen und den Schatz suchen könnt.

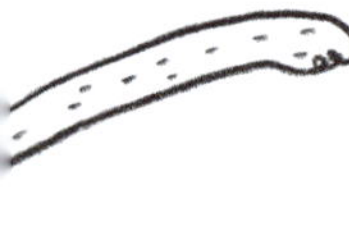

10 REGELN FÜR RALLYE-PLANER

Wenn ihr euch selber eine Rallye ausdenken möchtet, hier die wichtigsten Regeln:

1. Wählt eine Strecke aus, die in einer bestimmten Zeit, zum Beispiel an einem Nachmittag, gut bewältigt werden kann.
2. Lauft die Strecke vorher ab und überlegt euch, ob alle geplanten Aufgaben durchführbar sind. Sicher fallen euch unterwegs noch neue Aufgaben ein.
3. Achtet bei der Planung darauf, dass die Aufgaben abwechslungsreich sind.
4. Eure Mitspieler freuen sich bestimmt über kleine Überraschungen, die sie unterwegs finden, wie Süßigkeiten oder Getränke.
5. Haltet für das Ende der Rallye eine Überraschung parat. Es muss kein wertvoller Schatz sein.
6. Besprecht die Regeln vorher genau mit den Mitspielern.
7. Notwendiges Zubehör für die Lösung der Aufgaben, z.B. Bastelmaterial oder Werkzeug, gebt ihr den Teilnehmern in einer Tasche mit auf den Weg, am besten eingepackt und nummeriert, damit im Voraus nichts verraten wird.
8. Wenn ihr vorauslauft, achtet darauf, dass ihr genügend Vorsprung habt und die anderen euch unterwegs nicht einholen.
9. Die Aufgaben solltet ihr so verstecken, dass kein Fremder sie entdeckt. Eure Mitspieler könnt ihr durch Stopper auf sie aufmerksam machen. Das können Federn, Zweige, Kreidezeichen oder Wäscheklammern sein. Nur Eingeweihten verraten sie: Ganz in der Nähe warten wichtige Informationen.
10. Plant am Ende genügend Zeit ein, damit alle Mitspieler von ihren aufregenden Erlebnissen erzählen können.

(nach Ursula Fichter, Die Schnitzeljagd und andere spannende Rallyes, Coppenrath, 1999)

FÜR RECHENMEISTER UND KNOBELKÜNSTLER: SCHNITZELJAGD UMS KORNHAUS

für Kinder von 6 bis 8 Jahren | Dauer: ca. 30 Minuten

Die Strecke:
Vor dem Kornhaus führt die Rallye am Wallbach entlang zur Schillerstraße und zum Pfarrkoppelweg und wieder zurück zur Ruine und zum Kornhaus.

Vorbereitung:
Kopiert die folgenden Seiten, eventuell auf farbiges Papier. Schneidet die einzelnen Hinweise aus und rollt sie zusammen. Versteckt dann die Hinweise an den angegebenen Punkten entlang der Strecke. Kopiert auch die Lösungskarte auf festen Karton und gebt sie den Kindern mit, damit sie an den einzelnen Stationen die Lösungsbuchstaben eintragen können.

Für die erste Station »Pantomime zum Kennenlernen« bereitet kleine Kärtchen mit Tiernamen vor, die die Kinder ziehen und dann mit Hilfe von Mimik und Gestik darstellen sollen. Den Lösungsbuchstaben (K) **stellt selber dar.**

LÖSUNGSKARTE

Tragt die Lösungsbuchstaben der einzelnen Aufgaben hier ein!

1	2	3	4	5	6	7	8

Die Lösung habt ihr gefunden und gleich auch den Schatz. Sucht schnell an diesem Platz!

1 Zum Kennenlernen: PANTOMIME

Jeder zieht ein Kärtchen. Stellt den Begriff darauf pantomimisch dar. Wenn ihr alle Begriffe erraten habt, dann erratet ihr sicher auch den **1. Lösungsbuchstaben.** Tragt ihn in **Feld 4** auf eurer Lösungskarte ein.

Die nächste Aufgabe findet ihr an einem Baum auf dem Kornhausspielplatz versteckt.

---

2 Eine Rechenaufgabe -> Wie viele Fenster hat die Seite des Kornhauses, die zum Spielplatz zeigt?

Tragt die Zahl in die ersten Kästchen ein und löst die Rechenaufgabe.

		+	2	=		

Schreibt die Lösung der Aufgabe als Wort in die Kästchen ein, und schon habt ihr Euren nächsten **Lösungsbuchstaben.** Tragt ihn in **Feld 2** ein!

Die nächste Aufgabe findet ihr an einem der Spielgeräte auf dem Spielplatz versteckt.

---

3 Rechenspaß auf dem Spielplatz -> Sucht auf dem Spielplatz nach diesen Zahlen:

Anzahl der Kletterknaufe am Kletterturm		Zahl der Kletterseile		Zahl der Schaukeln		Zahl der Rutschen		
☐☐	–	☐	–	☐	–	☐	=	☐☐

Schreibt die Lösung als Wort:
Tragt den **Lösungsbuchstaben** in **Feld 8** auf eurer Lösungskarte ein.

Die nächste Aufgabe findet ihr unter einer Bank beim Spielplatz versteckt.

4 Habt ihr's gewusst?

Wie heißt der Bach, der bei der Klostermauer nahe der Ruine und gegenüber vom Spielplatz entlang fließt? Wenn ihr es nicht wisst, fragt einfach einen Passanten.

Tragt den **Lösungsbuchstaben** in **Feld 3** auf eurer Lösungskarte ein.

---

5 Orientieren mit einem Straßenplan

Löst die folgenden Aufgaben:

1. Welche Farbe hat der Briefkasten im Pfarrkoppelweg 2?

2. Nach vier Laternen im Pfarrkoppelweg kommt ihr zu einem Bauwerk, das über einen Bach führt. Was ist es? Tragt das Wort hier ein:

Tragt den **Lösungsbuchstaben** in **Feld 1** auf eurer Lösungskarte ein.

Hier ist ein kleiner Stadtplan, damit ihr den Pfarrkoppelweg findet.

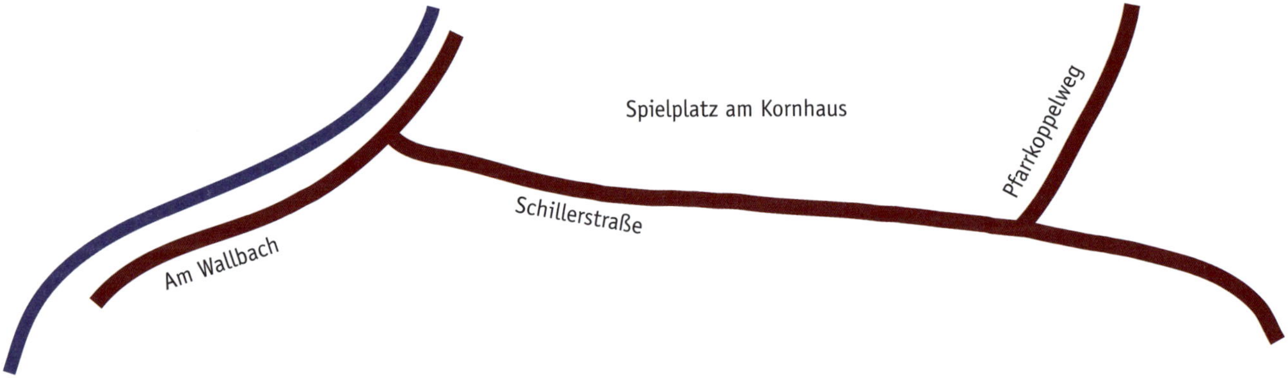

Spielplatz am Kornhaus
Pfarrkoppelweg
Schillerstraße
Am Wallbach

Die nächste Aufgabe findet ihr an der Kreuzung Pfarrkoppelweg und Schillerstraße versteckt.

6 Kreuzworträtsel an der Kreuzung

Beantwortet die folgenden Fragen. Wenn ihr die Antwort nicht wisst, fragt einfach Leute auf dem Spielplatz oder im Kornhaus.

1. Was ist eine Korinthe?

2. In welcher Stadt steht der Kreml?

3. Wo leben Eisbären?

4. Wie heißt die Kirche in Bad Doberan?

5. Wie heißt die Hauptstadt von Italien?

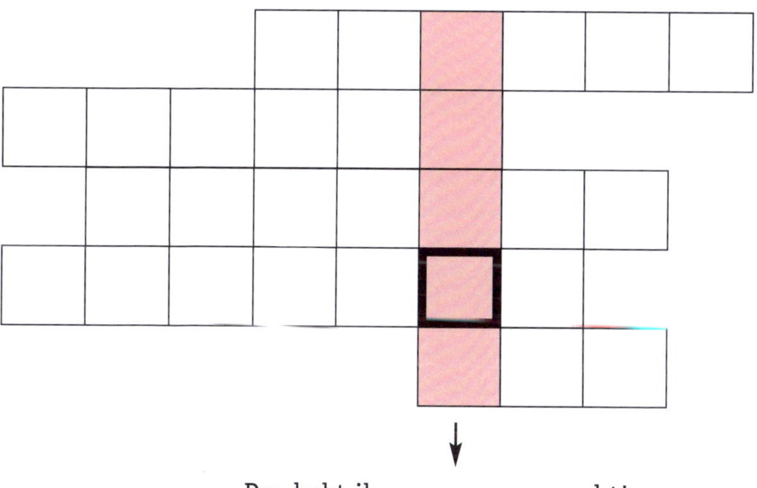

Das habt ihr ________ gemacht!

Tragt den **Lösungsbuchstaben** in **Feld 7** ein. *Die nächste Aufgabe ist in der Ruine versteckt.*

---

7 Rätsel in der Ruine

Welches Tier fliegt nachts gern in Ruinen umher?
Kleiner Tipp: Hoch oben am Gemäuer in der Ruine befindet sich ein kleiner brauner Kasten. Hier wohnt dieses Tier. Eine Zeichnung auf dem Kasten sagt euch, um welches Tier es sich handelt. Tragt den Namen des Tieres hier ein:

Tragt den **Lösungsbuchstaben** in **Feld 6** auf eurer Lösungskarte ein.

Die nächste Aufgabe wartet in der Hecke des Kräutergartens hinter dem Kornhaus auf euch.

8 Knobelei im Kräutergarten

Welche Pflanze riecht nach Zitrone? Tragt den langen Namen hier ein:

Tragt den **Lösungsbuchstaben** in **Feld 5** auf eurer Lösungskarte ein.

Toll gemacht! Jetzt habt ihr das Lösungswort und sicher auch gleich den Schatz gefunden.

AUF DIE PLÄTZE – FERTIG – LOS! SPORTLICHE SCHNITZELJAGD UM KORNHAUS UND MÜNSTER

für Kinder von 6 bis 8 Jahren | Dauer: ca. 45 Minuten | Mit dem Roller oder Rad kommen auch kleinere Kinder gut voran.

Die Strecke:
Vom Spielplatz am Kornhaus laufen die Kinder zunächst um das Kornhaus herum zum Kräutergarten, dann von der Ruine zum Münster und zum Beinhaus. Von dort geht es über die Straße zum alten Friedhof entlang der Klostermauer und über den Bach zurück zum Kornhaus-Spielplatz. Auf der Strecke gilt es, verschiedene sportliche Aufgaben zu erfüllen und Fragen zu beantworten. Am Ende wartet ein Schatz auf die Schatzsucher.

Vorbereitung:
Die Aufgaben auf kleine Zettel schreiben und entlang der Strecke an den angegebenen Orten verstecken. Die Schatzkiste mit tollem Inhalt, z.B. Gummibärchen, Seifenblasenröhrchen, Stifte, Radiergummis oder Aufkleber, füllen und auf dem Kornhaus-Spielplatz vergraben oder in der Nähe verstecken. Für die sportlichen Spiele auf dem Rundgang einen kleinen Ball in einer alten Socke und eine Frisbee-Scheibe und für die Erfrischung zwischendurch eine Flasche Wasser im Rucksack mitnehmen. Zum Ausgraben des Schatzes Schaufeln oder Spaten auf dem Spielplatz deponieren. Jetzt kann die Jagd losgehen.

1 Start auf dem Spielplatz am Kornhaus
Wir laden euch ein zu einer Schnitzeljagd. Am Ende ist ein Schatz versteckt. Unterwegs gilt es, Rätsel und Aufgaben zu lösen. Alles klar? Dann los!

Hier gleich die erste Aufgabe:
Wer schafft es, eine Runde über alle Spielgeräte zu drehen, ohne den Boden zu berühren? Probiert es gleich mal aus.

Und nun erratet dieses Märchen: »Zieh uns heraus, zieh uns heraus, sonst verbrennen wir, wir sind schon längt ausgebacken.« Wisst ihr, was wo herausgezogen werden soll?
Dort ist der nächste Hinweis für euch versteckt.

2 Am Backofen hinter dem Kornhaus

Habt ihr schon mal mit einem Frisbee geworfen? Probiert es aus. Wer am weitesten wirft, hat gewonnen. Um den nächsten Hinweis zu finden, überlegt, wo Kräuter wachsen, die die Mönche früher anbauten. Sammelt dort ein Blatt Pfefferminze. Kleiner Tipp: Riecht an den Blättern.
In der Hecke findet ihr den nächsten Hinweis.

3 In der Hecke des Kräutergartens

Geht vom Garteneingang 20 Schritte Richtung Straße. *Sucht dort den nächsten Hinweis.*

4 Am Weg, 20 Schritte vom Kräutergarten entfernt

Seht ihr eine Ruine? Irgendwo dort drinnen wohnt ein Geist, der den nächsten Hinweis versteckt hat. *Sucht in allen Ecken und Mauerritzen im Inneren der Ruine danach.*

5 In der Ruine

Kennt ihr das Wappen von Bad Doberan? Welche Tiere sind darauf abgebildet? Wo könnt ihr eines dieser Tiere finden? Kleiner Tipp: Es befindet sich auf einer Säule ganz in der Nähe der Kirche.
Dort findet ihr auch den nächsten Hinweis.

6 Am Schwan vor dem Münster

Könnt ihr schon Handstand oder Radschlagen? Versucht es mal!
Bei einer Baumgruppe in der Nähe des Schwans versteckt sich der nächste Hinweis.

7 Am großen Baum in der Nähe des Schwans

Geht nun 20 Schritte nach Osten, dort findet ihr den nächsten Hinweis. Falls ihr nicht wisst, wo Osten ist, gebe ich euch einen kleinen Tipp: Bei alten Kirchen steht der Kirchturm immer im Osten.

8 **In der Hecke vor dem Münster**
Warum sind in den Mauern des Münsters so viele Löcher? Kennt ihr die Antwort?
Den nächsten Hinweis findet ihr am Münster bei einem Gittertor.

9 **Am schwarzen Gittertor an der Westseite des Münsters**
Wer kann am weitesten springen? Los geht's.
Wisst ihr auch, wo in der Nähe des Münsters alte Skelette aufbewahrt werden? Richtig, im Beinhaus.
Sucht dort nach dem nächsten Hinweis.

10 **Am Beinhaus hinter dem Münster**
Laufschule: Kniehebelauf – Füße an den Po – rückwärts laufen. Probiert es aus!
Der nächste Hinweis versteckt sich auf der anderen Straßenseite bei einem alten Grabstein entlang der Klostermauer. Findet ihn!

11 **An einem der Grabsteine an der Klostermauer**
Sockenweitwurf: Wer wirft die Socke mit Ball am weitesten? Aber Vorsicht: Nicht auf Spaziergänger zielen! *Der nächste Hinweis ist an einer Brücke versteckt.*

12 **Bei der Brücke an der Klostermauer**
Sagt einen lustigen Zungenbrecher auf. Wenn euch keiner einfällt, dann schaut doch mal auf den Seiten 104 und 105 nach. *Die nächste Aufgabe wartet auf euch entlang der Klostermauer.*

13 **An der Klostermauer hinter der Brücke**
Wettlauf: Wer kann am schnellsten laufen? Ziel ist das Kornhaus.
Dort findet ihr auch den nächsten Hinweis. Auf die Plätze – fertig – los!

14 **An der Rückseite des Kornhauses**
Jetzt seid ihr der Schatzkiste schon ganz nah. Meist sind Schätze ja vergraben.
Versucht doch mal euer Glück auf dem Spielplatz.

15 **SCHATZKISTE!!!!**
Ihr habt die Schatzkiste gefunden! Super gemacht.

SCHNITZELJAGD VOM KORNHAUS ZUM WALD

Die Strecke:
Diese Rallye ist ein Spaziergang vom Kornhaus zum »Backenzahn« auf dem Buchenberg. Wir beginnen am Kornhaus-Spielplatz und gehen durch das Tor in der Klostermauer, am Wallbach entlang durch die Martin-Luther-Straße zur Rostocker Straße. Diese überqueren wir an der Ampel und gehen am Fahrradladen vorbei in den Wiesenweg. An der Wegkreuzung biegen wir links ab, gehen über eine weiße Brücke und kommen im Kollbruchweg heraus. Wir gehen wenige Schritte nach rechts und biegen dann links in den Hünenweg ein. Am Parkentiner Weg gehen wir nach links, überqueren nach 10 Metern die Straße und gehen gegenüber bergauf in den schmalen Hohlweg. Am Ende des Weges biegen wir nach links ab und stoßen auf einen Fuß- und Radweg, dem wir ebenfalls nach links folgen. Rechter Hand biegen wir dann an einer beliebigen Stelle in den Wald ab und gehen bis zum »Backenzahn«.

Vorbereitung:
Diese Rallye müssen Eltern oder Lehrer vorbereiten. Sie sollten die Strecke vorher mit Pfeilen an den Bäumen oder mit Hilfe von Zetteln und Stöckchen auf dem Weg markieren und die Hinweiszettel an den festgelegten Positionen verstecken. An Station 13 sollen viele Pfeile den Kindern den Weg zeigen. Es dürfen auch falsche Richtungen angezeigt werden. Zusätzlich kann unterwegs an Station 12 Proviant für die Kinder, z.B. Gummibärchentüten oder Schokoriegel, versteckt werden.

1 Auf dem Spielplatz

Hallo, liebe Schatzsucherkinder! Gleich geht es los. Wohin denn bloß?
Zur Schnitzeljagd geht's hier entlang, ich hoffe, euch ist noch nicht bang.
Drum ganz schnell einmal vorgestellt, damit jeder den Namen des anderen behält.
Stellt pantomimisch euer Lieblingstier vor, die Antwort rufen wir alle im Chor!
Am Tor der Mauer schaut genauer, dort liegt ein Hinweis auf der Lauer.

2 Am Tor der Klostermauer

Wer kann dieses Lied weiter singen: »Von den blauen Bergen kommen wir, ...«
Falls ihr das Lied nicht kennt, denkt euch einfach einen lustigen Vers aus.
Den nächsten Hinweis findet ihr an einer großen Kastanie am Wallbach.

3 An der Kastanie am Wallbach

Bei Rot bleibe stehen, bei _______ darfst Du gehen!
Achtung: Ihr müsst jetzt über die Straße gehen, natürlich an der Ampel.
Der nächste Hinweis versteckt sich dort, wo es Klingeln, Bremsen und nützlichen Rat gibt.

4 Am Fahrradladen Jürß

Sagt alle einen lustigen Zungenbrecher auf! Aber Vorsicht: brecht euch nicht die Zunge!
Den nächsten Hinweis findet ihr dort, wo altes Glas gesammelt wird.

5 Am Glascontainer im Wiesenweg

Laufschule: Kniehebelauf – Füße an den Po – rückwärts laufen.
Der nächste Hinweis ist dort versteckt, wo sich zwei Wege kreuzen.

6 An der Wegkreuzung im Waldstückchen

Löst dieses Rätsel: Ich habe viele Häute und beiße alle Leute. Was bin ich?
Der nächste Hinweis verbirgt sich an einer weißen Brücke.

7 An der weißen Brücke

Geht 16 Schritte nach Osten und sucht dort den nächsten Hinweis.

8 Am ersten Baum am linken Wegesrand, 16 Schritte von der Brücke entfernt:

Löst noch ein Rätsel: Welches Glöckchen hat keinen Laut?
Den nächsten Hinweis findet ihr am Ende des Weges an einer Bank.

9 Am Ende des Weges an der Bank

Löst die folgende Aufgabe: **49 : 7 + 33 – 25 : 3 – 5 = __**
(hintereinander rechnen, nicht Punkt- vor Strichrechnung)
Nun sucht den Hünenweg. *Am Straßenrand findet ihr den nächsten Hinweis.*

10 An der Ecke Kollbruchweg/Hünenweg

Sucht eine Tierarztpraxis im Hünenweg. Wie ist die Hausnummer der Praxis?
Hier versteckt sich der nächste Hinweis.

11 Am Haus Hünenweg 3A

Folgt dem Hünenweg nach Norden, bis ihr zu einer festen Straße, dem Parkentiner Weg, gelangt. Geht von dort ungefähr vierzig Schritte nach links (Westen), überquert die Straße und geht den schmalen Hohlweg bergauf nach Norden. Auf der Hälfte des Weges findet ihr im Gebüsch den nächsten Hinweis.
ACHTUNG: Vorsicht beim Überqueren der Straße!

12 Im Hohlweg

Nach so vielen Aufgaben habt ihr euch eine kleine Stärkung verdient, ihr müsst sie nur finden. Schaut einmal in der Hecke nach. Und nun nennt jeder eine europäische Hauptstadt. Wie viele kennt ihr schon? *Der nächste Hinweis versteckt sich am Ende des Weges.*

13 Am oberen Ende des Hohlwegs

Von hier aus müsst ihr kleinen Pfeilen am Wegrand folgen. Also schaut genau auf den Weg. Aber Achtung: Manchmal führt euch ein Pfeil auch in eine falsche Richtung!

14 An einem Baumstumpf auf dem Buchenberg

Hier wartet ein Kreuzworträtsel auf euch. Das Lösungswort sagt euch, wo der nächste Hinweis zu finden ist. Die Schatztruhe ist nun nicht mehr weit.

15 Am Backenzahn:

Endlich seid ihr am Ziel! Der »Backenzahn« ist übrigens kein überdimensionierter Zahn, sondern ein Ehrenmal für die im Ersten Weltkrieg gefallenen Soldaten. Es wurde Ende der 1920er Jahre gebaut. Irgendwo hier im Gebüsch ist der sagenumwobene Schatz des Buchenbergs versteckt.
Wer ihn findet, dem ist das Glück hold, so sagt man!

EIN KREUZWORTRÄTSEL

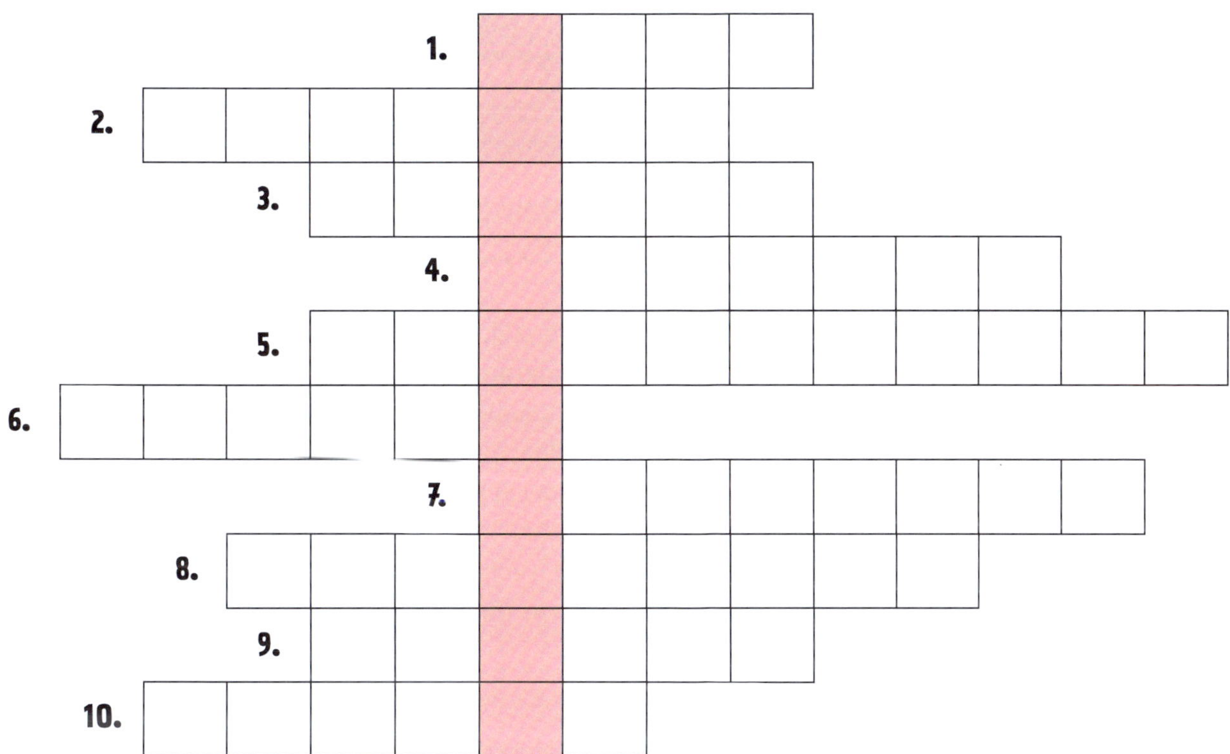

1. Es fließt durch unsere Adern.

2. Damit bestimmt man die Himmelsrichtung.

3. Speisen schmecken damit viel süßer.

4. Es ist ein Tasteninstrument.

5. Mit diesem Gerät kann man die Temperatur messen.

6. So heißt die Hauptstadt von Deutschland.

7. Ein Luftschiff wird auch so, nach seinem Erbauer, benannt.

8. Dies ist ein Kontinent.

9. Dieses Tier findet ihr im Wappen von Bad Doberan.

10. Über diesen Fisch gibt es auch ein Lied.

Die rot unterlegten Kästchen sagen euch, wo der letzte Hinweis versteckt ist.

DIE SUCHE NACH DEM WALDGEIST: SCHNITZELJAGD DURCH WALD UND WIESE

für Kinder von 4 bis 6 Jahren | Dauer: ca. 45 Minuten

Habt ihr schon einmal von Kosta, dem Waldgeist im Kellerswald, gehört? Er treibt gern seinen Spaß mit den Spaziergängern und Jägern. Manchmal lässt er ihren Wanderproviant verschwinden. Oder ein Reh, das gerade noch auf der Lichtung äste, ist plötzlich wie vom Erdboden verschluckt. Aber keine Angst, er ist ein gutmütiger Kerl, der auf seinen Wald und alle Tiere und Pflanzen darin aufpasst. Über Kinder, die in seinem Wald spielen, freut er sich besonders. Und manchmal versteckt er für sie sogar kleine Leckereien.

Auf dieser Schnitzeljagd wollen wir Kosta, den Waldgeist, suchen. Wenn ihr alle Aufgaben löst, findet ihr vielleicht den Schatz, den er für euch verborgen hat. Macht ihr mit? Kleine Pfeile und Schnitzel auf dem Boden verraten euch, wo ihr langgehen sollt.

Die Strecke:

Ihr geht rechts am Friedhof vorbei in den Brodhäger Weg zum Wald. Auf dem großen Sandplatz auf den Bänken könnt ihr vor der Schnitzeljagd noch ein kleines Picknick machen. Von hier aus geht ihr durch die Schranke in den Wald hinein. An der ersten Kreuzung (hier steht eine Bank) biegt ihr rechts ab. Von dort geht ihr bis zu einer größeren Wegkreuzung, von der viele Wege abgehen. Ihr haltet euch geradeaus, leicht rechts. Am Ende des Weges stoßt ihr auf die »Neue Reihe«, die euch zurück nach Doberan führt.

Vorbereitung:

Der Spielleiter bereitet die Spiele vor, streut bunte Papierschnitzel auf den Weg, malt mit Kreide Pfeile an die Bäume oder auf den Boden und versteckt natürlich den Schatz. Er kann entlang der Strecke auch eine kleine Stärkung, z.B. Überraschungseier oder Gummibärchentüten, für die Kinder verstecken.

Stationen und Spiele

1 Punktekönig (auf dem Sandplatz vor der Schranke)

Der Spielleiter befestigt, ohne dass die Kinder es bemerken, zehn kleine weiße Zettel an Bäumen, Bänken oder Abfallkörben in der Umgebung. Jedes Kind bekommt einen andersfarbigen Wachsmalstift. Dann geht die Zettelsuche los. Wer einen Zettel findet, malt einen dicken Punkt darauf. Nach 5 bis 10 Minuten ruft der Spielleiter die Kinder zurück und sammelt die Blätter ein. Wer die meisten Zettel bemalt hat, ist Punktekönig.

2 Eierlauf mit Überraschungseiern (auf dem Weg an der Bank)

Auf dem Weg wird eine Strecke markiert. Jeweils zwei Spieler oder alle Kinder treten nun gegeneinander an. Sie legen das Ei auf den Löffel und laufen vorsichtig los. Gewonnen hat das Kind, dessen Ei nicht zu Boden gefallen ist. Die Überraschungseier können am Ende natürlich aufgegessen werden.

3 Wald-Kim (auf dem Weg)

Auf dem Boden begrenzt der Spielleiter eine Fläche von etwa einem Quadratmeter mit Stöckchen. Auf diese Fläche legt er verschiedene Gegenstände aus dem Wald: ein Blatt, einen Zapfen, eine Blume und ähnliches. Die Kinder schauen sich genau an, wo welche Gegenstände liegen. Dann entfernen sie sich, und der »Waldgeist« (Spielleiter) verändert die Lage von drei Gegenständen. Die Kinder kommen zurück und müssen raten, welche Gegenstände ihren Platz verändert haben. Alternativ können die Gegenstände auch entfernt werden.

4 Suche und finde (an der Kreuzung im Wald)

Die Kinder suchen im Wald etwas Langes und etwas Kurzes, etwas Rundes, etwas Leichtes und etwas Schweres, etwas Weiches und etwas Hartes. Die Schätze können sie mitnehmen.

5 Waldgeist (an der Kreuzung im Wald)

Ein Baum wird in einen Waldgeist verwandelt. Er bekommt ein Gesicht aus Knetmasse und Haare aus Blättern, die in der Knetmasse stecken. Der Spielleiter legt mit einem Wollfaden eine Spur, der die Kinder folgen sollen. Das Seil führt um Bäume herum, über Baumstämme und durch Gebüsch. Ziel der Spur ist der Waldgeist, den die Kinder nun ausgiebig bewundern können und der ihnen den weiteren Weg verrät.

6 Schatzkiste

Am Ende der Schnitzeljagd suchen die Kinder eine Schatzkiste mit kleinen Überraschungen wie Knete, Buntstifte, Kreide, Tattoos, Kaugummi oder etwas Süßem.

ZIPPELNDE ZAPPELNDE ZUNGENBRECHER

»Brautkleid bleibt Brautkleid,
und Blaukraut bleibt Blaukraut.«

»Hier ist der Schlüssel zum Garten,
auf den die drei Jungfrauen warten.
Die erste hieß Binka, die zweite hieß Bibbeljabinka,
die dritte hieß Cezizizaknabbeljababbeljabibbeljabinka.
Hmmm, sprach die Frau Binka zu der Frau Bibbeljabinka,
was hat die Frau Cezizizaknabbeljababbeljabibbeljabinka
für eine schöne Spitze am Rock.«

Herr von Hagen,
darf ich's wagen,
Sie zu fragen,
welchen Kragen
Sie getragen,
als Sie lagen
krank am Magen
in der Stadt zu Kopenhagen?

Zehn zottige Ziegen zogen
zehn Zentner Zucker zum Zug.

Zischelnd
zwischen zwei spitzen
Steinen stehen zwei
Zischelschlangen
zwei zwitschernden
Spätzchen Spalier.

Der Potsdamer Postkutscher
putzt den Potsdamer Postkutschkasten.
Den Potsdamer Postkutschkasten putzt der
Potsdamer Postkutscher.

Dei dicke Diern drägt dei dünne Diern dörch denn dicken deipen Dreck.

Dunn dankt dei dünne Diern dei dicke Diern, dat dei dicke Diern dei dünne Diern dörch denn dicken deipen Dreck drööch.

(Das dicke Mädchen trägt das dünne Mädchen durch den dicken tiefen Dreck. Dann dankt das dünne Mädchen dem dicken Mädchen, dass das dicke Mädchen das dünne Mädchen durch den dicken tiefen Dreck trug.)

Jedes Jahr jammert Jäger Jagomir auf Jagd, weil seine Jägerjacke juckt.

Am Türmchen sitzt ein Würmchen mit 'nem Schirmchen unterm Ärmchen. Kam ein Stürmchen, weht das Würmchen mit'm Schirmchen unter'm Ärmchen weg vom Türmchen.

Auf den sieben Robbenklippen
sitzen sieben Robbensippen,
die sich in die Rippen stippen,
bis sie von den Klippen kippen.

Schnecken erschrecken, wenn Schnecken an Schnecken schlecken, weil zum Schrecken vieler Schnecken Schnecken nicht schmecken.

Fischers Fritze fischte frische Fische.
Frische Fische fischte Fischers Fritze.

Zwölf zünftige Zipfelmützenzwerge, die auf zwölf Tannenzapfen saßen, aßen zweihundertzweiundzwanzig blaue Zwetschgen. Als sie die zweihundertzweiundzwanzig Zwetschgen gegessen hatten, sagte Zwerg Zwuckel zu Zwerg Zwockel: »Mich zwickt's im Bauch.« Darauf antwortete Zwerg Zwockel zu Zwerg Zwuckel: »Mich auch«.

LUSTIGE SPIELE GEGEN LANGEWEILE

Ist euch auch manchmal langweilig, wenn ihr im Restaurant auf die bestellten Spaghetti mit Tomatensoße wartet oder auf einen Eisbecher, während eure Eltern schon gemütlich ihren Kaffee schlürfen? Um euch das Warten zu verkürzen, spielt doch eines der folgenden Spiele.

Tic Tac Toe

Für 2 Spieler | benötigte Materialien: Stift, Block

Hier sind einige Spielpläne für euch. Abwechselnd setzen die Spieler ihr Symbol (X oder O) in ein freies Kästchen auf dem Spielfeld. Ziel ist es, eine Dreierreihe zu schließen, entweder senkrecht, waagerecht oder diagonal.

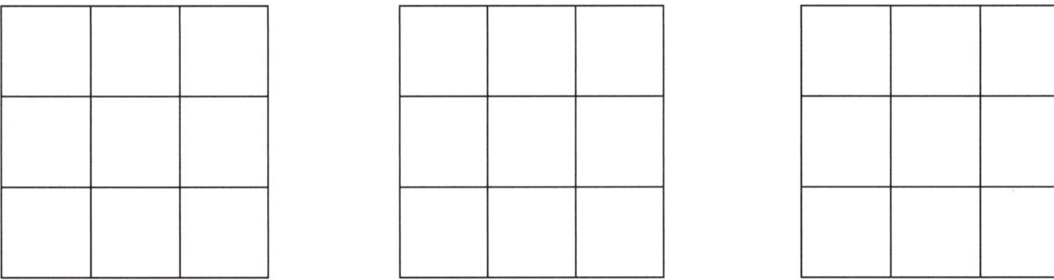

Das letzte Holz entscheidet

Für 2 Spieler | benötigte Materialien: Streichhölzer, Steinchen oder Muscheln

Ein Spieler legt fünfzehn Streichhölzer auf den Tisch (oder Steinchen in den Sand). Nun darf ein Spieler beginnen, Hölzchen wegzunehmen. Er kann entscheiden, ob er ein, zwei oder drei Hölzchen nimmt. Dann ist der nächste Spieler an der Reihe. Wer das letzte Streichholz zieht, hat verloren.
(Tipp: Es kann zunächst auch nur mit elf Hölzchen gespielt werden.)

Stein, Schere, Papier

Für 2 Spieler | benötigte Materialien: nur eure Hände

Das Spiel ist auch als »Schnick, Schnack, Schnuck« oder »Knobeln« bekannt. Beide Spieler haben jeweils eine Hand nach vorn gestreckt und die Finger zur Faust geballt. Die Hände werden hin und her bewegt, und dabei wird gezählt: »Eins, zwei ...«. Auf »drei« stellen die Hände ein Symbol dar. Eine geballte Faust bedeutet »Stein«, eine flache Hand »Papier«, gestreckter Zeige- und Mittelfinger »Schere«. Zusätzlich kann man einen »Brunnen« mit der leicht geöffneten Hand darstellen. Bei der Wertung gilt: Stein schleift Schere (Stein gewinnt), Schere schneidet Papier (Schere gewinnt), Stein und Schere fallen in den Brunnen (Brunnen gewinnt), Papier verdeckt Stein und Brunnen (Papier gewinnt). Der Sieger erhält einen Punkt. Wählen beide Spieler das gleiche Symbol, gilt ein Unentschieden.

Käsekästchen

Für 2 Spieler | benötigte Materialien: Stifte in zwei unterschiedlichen Farben, kariertes Papier

Auf ein kariertes Blatt wird ein Spielplan (siehe unten) gemalt. Die Spieler dürfen nun abwechselnd einen Strich in den Spielplan machen, der genau der Länge eines Kästchens entspricht. Wem es gelingt, ein Kästchen ganz einzurahmen, darf darin sein Zeichen machen (X oder 0) und sofort weiter spielen. Wer am Ende die meisten Kästchen gefüllt hat, gewinnt. Richtig spannend wird das Spiel gegen Ende, wenn der Spielplan bereits fast ausgefüllt ist und sich richtige Kettenreaktionen ergeben.

Galgenmännchen

Ihr denkt euch ein Wort aus und malt auf ein Blatt Papier für jeden Buchstaben einen Strich. Die Mitspieler müssen nun herausfinden, um welches Wort es sich handelt. Geraten wird buchstabenweise. Wird ein Buchstabe richtig geraten, wird er an der entsprechenden Stelle eingetragen. Kommt ein Buchstabe mehrmals vor, werden alle Platzhalter entsprechend gefüllt. Bei jedem falschen Buchstaben wird ein Teil des Galgenmännchens gemalt, also Fundament, Längsbalken, Querbalken, Querstreben, Strick, Kopf, Leib, Arme und Beine. Beim zehnten Fehlversuch – oder wenn das Wort erraten ist – ist das Spiel beendet. Oder ihr malt einfach noch Mütze, Ohren und Haare dazu.

Hier einige Begriffe, denen ihr in diesem Buch schon einmal begegnet seid:

1 _ _ _ _ _

2 _ _ _ _ _ _ _ _ _

3 _ _ _ _ _ _ _ _ _ _ _

4 _ _ _ _ _ _ _ _ _ _ _ _ _ _

5 _

Kleine Knobelei

Wolf, Ziege und Kohlkopf

Es war einmal ein Bauer, der sollte einen Wolf, eine Ziege und einen Kohlkopf zum Kloster nach Doberan bringen. Auf seinem Weg musste er einen Fluss überqueren. Dort lag nur ein kleiner Kahn, in dem er jeweils nur eine seiner Waren transportieren konnte. Er überlegte: »Lasse ich die Ziege allein mit dem Wolf, dann frisst der Wolf die Ziege. Das wäre schlecht. Lasse ich die Ziege allein mit dem Kohl, dann wird sie den Kohl fressen. Das wäre auch nicht besser. Glücklicherweise tun sich der Wolf und der Kohlkopf gegenseitig nichts.« Sofort machte er sich ans Werk. Wie stellte der Bauer es an, Wolf, Ziege und Kohlkopf unversehrt ans andere Ufer zu bringen?

INTERESSANTE INFORMATIONEN VON A BIS Z

Damit ihr euch schnell zurechtfindet in Bad Doberan, hier die wichtigsten Adressen mit Telefonnummern im Überblick. Die Vorwahl für Bad Doberan ist 038203.

Angeln

› Angelshop »Raubfisch & Meer«, Am Mühlenfließ 1, Tel. 736737

› Gastkarten Angelsportverein, Molli-Apotheke, Am Markt 1, Herr Schult, Tel. 15310

Bahnen

› Mecklenburgische Bäderbahn Molli GmbH, Am Bahnhof, Tel. 41 50, www.molli-bahn.de
Haltepunkte in der Stadt: Stadtmitte und Goethestraße

Bibliothek

› Stadtbibliothek mit Internetzugang, Verbindungsstraße 14, Tel. 62508
Öffnungszeiten: Mo/Fr 10.00–12.00 Uhr und 13.00-16.00 Uhr,
Die/Do 14.00–18.00 Uhr,
Mi 13.00–16.00 Uhr

Buchhandlung Bücher, Am Markt 13, Tel. 15206

Ehm-Welk-Haus Dammchaussee 23, Tel. 62325; Di–Sa 13.00–16.30 Uhr

Fahrradverleih und -reparatur

› Zweirad Harder (mit Service), An der Krim 3, Tel. 12738

› Zweirad-Service Jürß, Rostocker Str. 16, Tel. 63804

› Zimmervermittlung Marten, Clara-Zetkin-Str. 36, Tel. 4670

FKK Strandbereich am Kinderbadestrand Heiligendamm und in Richtung Börgerende

Führungen

› Stadtführungen in Bad Doberan: Mai – Okt. Di und Sa 11.00 Uhr, Treff: Tourist-Information
› Kombinierte Führung Bad Doberan und Münster: Mai – Okt. Do 11.00 Uhr, Treff: Münster
› Stadtführungen in Heiligendamm: Mai – Okt. Mi und So 11.00 Uhr, Treff: Eiscafé an der Strandpromenade

Galerien und Ausstellungen

› Galerie Land & Meer, Am Stegebach 13, 18209 Bartenshagen, Tel.: 12094
› Galerie PurPur, Klaus-Groth-Str. 14, Tel. 62832
› Galerie Roter Pavillon, Am Kamp, Tel. 12404
› Galerie Severina, Severinstr. 12, Tel. 18577
› Keramikwerkstatt Jürgen Reich, Am Stegebach 13, 18209 Bartenshagen, Tel. 13953
› Kunsthof Bad Doberan, Am Markt 3 (Innenhof), Tel. 0179/4517267
› Kunstscheune Rethwisch, Börgerenderstr. 5, 18211 Rethwisch, Tel. 229964
› Offenes Schmuckatelier, Glashagen, Ausbau 9, Tel. 16337
› Studioglashütte und Galerie, Glashagen, Ausbau 4, Tel. 13088
› Töpferei Jung, Glashagen, Ausbau 7, Tel. 62253
› Werkstattgalerie für Schmuck Jule Müller, Neue Reihe 22, Tel. 733388

Hundestrand Heiligendamm

Unterhalb »Kleiner Wohld« am Kinderstrand; Seedeichstraße rechts in Richtung Börgerende

Internet

› Internet-Cafe im Moorbad, Schwaaner Chaussee,
tägl. 10.00 – 22.00 Uhr, So 11.30 – 22.00 Uhr (siehe auch Bibliothek)
› Telekommunikation Blank, Mollistr. 17, Tel. 17987

Kino Kamptheater, Severinstr. 4, Tel. 62413, www.kino-doberan.de

Klosterladen im Torhaus

Interessantes rund um Klöster, Mönche und Mittelalter, Klosterstr. 1a, Tel. 854463

Kornhaus

Soziokulturelles Begegnungszentrum, Jugendkunstschule am Kornhaus, Umweltbildungsstätte, Gästehaus und Café, Klosterhof 1, Tel. 62280, www.kornhaus-baddoberan.de

Münster Bad Doberan

Klosterstraße 2, Tel. 62716, www.muenster-doberan.de

Öffnungszeiten: Mai – Sept. 9.00 – 18.00 Uhr; März/Apr./Okt. 10.00–17.00 Uhr; Nov. – Feb. 10.00 – 16.00 Uhr;
› Sonntag und kirchlicher Feiertag nach dem Gottesdienst ab ca. 11.00 Uhr
› Evangelischer Gottesdienst: Sonntag und kirchlicher Feiertag 9.30 Uhr

Münsterführungen: Mai – Okt. 11.00 und 14.00 Uhr Münsterführung; 12.00 und 16.00* Uhr Gewölbe und Turm; 13.00* und 15.00 Uhr Sonderführungen (*nur Juli/Aug.); Nov. – Apr. 11.00 Uhr Münsterführung; 13.00 Uhr Gewölbe, Turm, Glocke

Münsterkonzerte: Juni – Sept. freitags 19.30 Uhr und Zusatztermine; 18.30 Uhr Führung durch die Klosteranlage – für Konzertbesucher frei; kostenlose Sonderbusse ca. 21.00 Uhr zurück nach Heiligendamm, Kühlungsborn, Reutershagen und Rostock ZOB

Museum

› Stadt- und Bädermuseum, Beethovenstr. 8, Tel. 62026;
Di – Fr 10.00 – 12.00/13.00 – 17.00 Uhr; Sa/So 12.00 – 17.00 Uhr
› Glashäger Quellmuseum, Schwaaner Chaussee 1, Tel. 7000

Spielplätze

› Spielplatz am Kornhaus, Klosterhof 1
› Spielplatz am Schmarlteich, Neue Reihe

Spielzeug

› Spielwaren, Am Markt 11, Tel. 74444

Strandkorbvermietung in Heiligendamm

Bianca Friesecke, Tel. 0160/94904150

Tourist-Information

› Tourist-Information Bad Doberan, Severinstr. 6, Tel. 62154
› Tourist-Information Heiligendamm, am Molli-Bahnhof, Tel. 4150

ELF ERKUNDUNGSRITTE AUF DEM DRAHTESEL

Fahrt ihr gern mit dem Fahrrad? Dann besorgt euch eine gute Radwanderkarte und packt einen Rucksack mit Proviant. Und schon kann's losgehen. Bei der Tourist-Information Bad Doberan erhaltet ihr den Prospekt »Radeln und Wandern« mit ausführlichen Beschreibungen einiger hier aufgeführter Touren. Ihr findet ihn auch online unter
http://www.bad-doberan.de/fileadmin/bilder/ausfluege/Radtour_2006_geaendert.pdf.

1 Radtour – für Anfänger (ca. 9 km)

Bad Doberan › Vorder Bollhagen › Bad Doberan (Rundfahrt)

Von Bad Doberan fahrt ihr durch die »Neue Reihe« in Richtung Vorder Bollhagen, vorbei an Förderschule und Kellerswald. Nach 3,5 Kilometern erreicht ihr das Dorf, wo ihr dem Gut Vorder Bollhagen einen Besuch abstatten könnt. Dann fahrt ihr in Richtung Rennbahn und entlang der Molli-Schienen zurück nach Bad Doberan.

2 Radtour – für Anfänger (ca. 12 km)

Bad Doberan › Heiligendamm › Bad Doberan (auf dem Radweg oder durch den Wald)

Ihr radelt entlang der Molli-Schienen. In Heiligendamm könnt ihr Euch erfrischen – in der Ostsee oder der Eisdiele. Sollten die Kräfte nicht ausreichen, fahrt mit der Bahn zurück.

3 Radtour – für Anfänger (ca. 16 km)

Bad Doberan › Stülow › Glashagen Hof › Bad Doberan

Von Bad Doberan radelt ihr südlich am Krankenhaus vorbei und biegt rechts ab in Richtung Glashagen. Dort könnt ihr den Glasbläsern bei der Arbeit zusehen und wunderschöne Glaskunst im Garten bestaunen. Im Cafe gibt's Schmalzstullen und Kuchen zur Stärkung.

4 Radtour – für Anfänger (ca. 16 km)

Bad Doberan › Hohenfelde › Retschow und zurück

Von Bad Doberan fahrt ihr auf dem Radweg gen Süden am Krankenhaus vorbei nach Hohenfelde. Dort biegt ihr rechts ab nach Retschow und besucht vielleicht den Denkmalhof.

5 **Radtour – für Fortgeschrittene** (ca. 15 km)
Bad Doberan › Conventer Niederung › Jemnitzer Schleuse › Heiligendamm › Bad Doberan
Auf der Tour entdeckt ihr seltene Vogel- und Pflanzenarten am Conventer See und eine Schleuse.

6 **Radtour – für Fortgeschrittene** (ca. 16 km)
Bad Doberan › Vorder Bollhagen › Steffenshagen › Reddelich › Glashagen › Stülow › Bad Doberan
Die Kirche in Steffenshagen zählt zu den bedeutendsten Dorfkirchen Mecklenburgs.
Ansehen lohnt sich!

7 **Radtour – für Fortgeschrittene** (ca. 20 km)
Bad Doberan › Althof › Hohenfelde › Ivendorf › Fulgenkoppel › Glashagen › Ausbau › Stülow › Bad Doberan. Ihr seht die Klosterruine in Althof, den Denkmalhof Retschow und das Quellental.

8 **Radtour – für Fortgeschrittene** (ca. 23 km)
Bad Doberan › Rethwisch › Nienhagen › Börgerende › Heiligendamm › Bad Doberan
Diese Tour führt euch durch den Gespensterwald in Nienhagen und entlang der Ostsee.

9 **Radtour – für Profis** (ca. 28 km)
Bad Doberan › Althof › Hohenfelde › Quellental › Retschow › Brusow › Schmadebeck › Einhusen › Retschow › Stülow › Bad Doberan
Im Quellental solltet ihr die Räder stehen lassen und den Wald zu Fuß erkunden.
Ihr findet das Brunnenhaus in Form eines Tempels und könnt danach in der Gaststätte einkehren.

10 **Radtour – für Profis** (ca. 30 km)
Bad Doberan › Heiligendamm › Kühlungsborn › Kühlung › Diedrichshägener Berg › Diedrichshagen › Jennewitz › Steffenshagen › Brodhagen › Bad Doberan
Auf dieser Tour könnt ihr auf einem Wanderweg die mit 130 Metern höchste Erhebung unserer Region erklimmen.

11 **Radtour – für Profis** (ca. 30 km)
Bad Doberan › Neu Rethwisch › Nienhagen › Steilufer › Warnemünde › Elmenhorst › Dorf Lichtenhagen › Admannshagen Ausbau › Steinbeck › Neu Rethwisch › Bad Doberan
Dies ist ein Tagesausflug, auf dem ihr Warnemünde mit dem Rad erkundet.

AUSGEKLÜGELTE AUSFLUGSTIPPS IN DIE UMGEBUNG

Bastorfer Leuchtturm

Der höchst gelegene Leuchtturm der deutschen Nord- und Ostseeküste bietet einen atemberaubenden Blick über Land und Ostsee. Der Turm wurde 1876/77 erbaut, hat eine Höhe von 20,8 Metern und steht auf der höchsten Erhebung der Gegend, dem Bastorfer Signalberg, der 79 Meter über dem Meeresspiegel liegt. Sein Feuer ist 95,3 Meter hoch. Bei guter Sicht könnt ihr Rostock, die Insel Fehmarn und die dänische Insel Falster erkennen.

18230 Bastorf | www.leuchtturm-bastorf.de

Denkmalhof Pentzin in Retschow

1787 erbautes niederdeutsches Hallenhaus bietet Einblicke in das Leben der Landbevölkerung im 18. und 19. Jahrhundert, mit ausgestellten Alltagsgegenständen, Werkzeugen und Ackergeräten.

Dorfstr. 2 | 18211 Retschow | Tel. 038203 – 16595 oder 82840

Gut Vorder Bollhagen

Erlebnis-Reiten mit Ausritten ans Meer und in den Wald, Kutschen- und Planwagenfahrten sowie Westernreiten und Polospielen auf original argentinischen Poloponys

Hauptstr. 1 | 18209 Vorder Bollhagen | Tel. 038203 – 733591

Hünengrab bei Neu Gaarz

1 Kilometer östlich von Neu Gaarz auf dem Feld an der Küstenstraße zwischen Rerik und Kägsdorf. Der beeindruckende Urdolmen (Dolmen ist altbretonisch und bedeutet Steintisch) stammt aus der Jungsteinzeit (3000 bis 1800 v.Ch.) und gehört zu den ältesten und großartigsten Anlagen dieser Art in Mecklenburg-Vorpommern. Der Zweck der bronzezeitlichen »Schälchen« – kreisrunde, tassengroße Vertiefungen, die unsere Vorfahren in den tonnenschweren Deckstein gerieben haben – wird wohl für immer ein Rätsel bleiben.

Indoor-Spielpark Mumpitz

mit rauchspeiendem Kletter-Vulkan, Mega-Labyrinth, Kletterwand und riesigem Wabbelberg

An der Westtangente 12 | 23966 Wismar | Tel. 03841 – 229667 | Fax 03841 – 225667 | www.mumpitz-wismar.de

Kletterwald Kühlungsborn

mit 7 Parcours und einmaligen Attraktionen wie Radfahren in 10 Metern Höhe, Surfen von Baum zu Baum, längste Seilbahn Norddeutschlands mit 103 Metern quer durch den Wald, Base-Jump aus 10 Metern Höhe und Großer Tarzansprung

Ostseeallee 25/26 | 18225 Kühlungsborn | Tel. 038293 – 417623

Manuelas Kerzenscheune

Kerzen gestalten nach eigenen Vorstellungen und Ideen, auch Kindergeburtstagsfeiern

Am Stegebach 8b, 18209 Bartenshagen, Tel. 038203 – 736617

Mecklenburger Kutschenmuseum Kobrow

Hier erwarten euch über 150 alte Kutschen, Wagen, Fuhrwerke und Pferdeschlitten. Sogar ein Krankentransportwagen und ein 100 Jahre alter Pumpenwagen der Feuerwehr sind zu sehen. (bei Sternberg)

Dorfstr. 10 | 19406 Kobrow | Tel. 03847 – 5538 (Museumsdorf Kobrow) | – 435737 (Kutschenmuseum) | www.museumsdorf-kobrow.de

Museumshof Steffenshagen

Denkmalhof mit 200 Jahre alter Bockwindmühle (1998 aus Buschkuhnsdorf, Sachsen-Anhalt, umgesetzt) und historischer Schmiede, Tischlerei und Backhaus mit Steinbackofen.

Dorfstr. 3d | 18209 Steffenshagen | Tel. 038203 – 16475

Ostseebad Nienhagen

Spaziergang im Gespensterwald. Der Küstenweg ist auch für Kinderwagen geeignet.

Pandino Kinderspielwelt

Indoor-Dschungellandschaft zum Spielen und Toben, mit Mega-Klettergerüst, Kartbahn, Trampolinen und vielen anderen Attraktionen

Admannshäger Damm 19 | 18211 Bargeshagen | Tel. 038203 – 49118 | www.pandino-mv.de

Sommerrodelbahn Bad Doberan

auf 721 Metern durch Kreisel und Kurven ins Tal rauschen, mit Blick auf die Ostsee, Nachtrodeln und Picknick im Grünen

Stülower Weg 70 | Tel. 404701 | Mobil 0171 – 2797231 | www.sommerrodelbahn-dbr.de

Tierpark Wismar

Erlebt Wald- und Haustiere, Wisente, Nasen- und Waschbären und aufregende Spiellandschaften mit Seilbahnen, Riesenrutsche, Wasserspielgeräten und Kindereisenbahn

Zum Festplatz 4 | 23966 Wismar | Tel. 03841 – 707070

Wonnemar

Erlebnisbad und Saunawelt in Wismar

Bürgermeister-Haupt-Straße 38 | 23966 Wismar | Tel. 03841 – 32760 | Fax 03841 – 327622
www.wonnemar.de/wismar

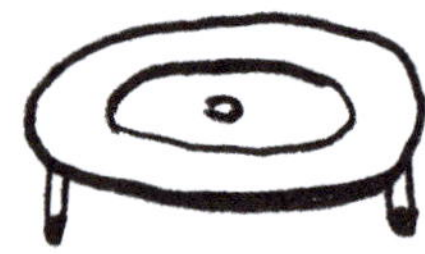

LÖSUNGEN

Seite 24

Lebe und Arbeite

Seite 25

1. Möckelhaus, 2. Münster, 3. Mönch, 4. Kornhaus, 5. Beinhaus, 6. Rosengarten, 7. Ruine

R	M	A	B	C	D	E	F	G	H
O	Ö	Ü	Q	W	E	R	T	Z	U
S	C	B	N	O	L	K	E	H	D
E	K	A	E	S	Ü	M	N	Y	F
N	E	A	H	I	T	Ö	I	J	F
G	L	K	C	Ä	N	E	U	U	M
A	H	U	N	K	W	H	R	H	N
R	A	E	Ö	C	B	N	A	G	B
T	U	W	M	A	Z	T	O	U	V
E	S	K	O	R	N	H	A	U	S
N	L	H	B	S	I	S	Y	X	C

Seite 37

Fest der Doberaner Landleute

Seite 38

1. Dreieck, 2. Pavillon, 3. Park, 4. Weiss, 5. Trichter, 6. Rot, 7. Chinesisch, 8. Dach, 9. Säule, 10. Kino, 11. Kuhweide

A	B	C	D	W	F	G	T	U	I
P	P	D	Q	E	R	Z	R	P	N
D	A	A	W	I	P	R	I	L	I
R	R	V	A	S	S	O	C	K	D
E	K	S	I	S	Ä	T	H	J	E
I	I	U	S	L	U	A	T	H	M
E	N	S	H	F	L	H	E	G	S
C	O	Y	X	W	E	O	R	F	U
K	V	B	N	M	E	G	N	D	A
C	H	I	N	E	S	I	S	C	H
F	G	H	D	A	C	H	D	A	K
T	W	L	K	U	I	O	P	E	K

Seite 51

Mollifest Schall und Rauch

Seite 65

Historisches Anbaden

Seite 66

Tahlen (Zahlen); **een** (eins); **twee** (zwei); **dree** (drei); **vier** (vier); **fief** (fünf); **söss** (sechs); **söben** (sieben); **acht** (acht); **nägen** (neun); **tein** (zehn); **föftig** (fünfzig); **hunnert** (hundert); **Kark** (Kirche); **lütt** (klein); **Diern** (Mädchen); **Johr** (Jahr); **verstahn** (verstehen); **Lüüd** (Leute); **plattdüütsch** (Plattdeutsch)

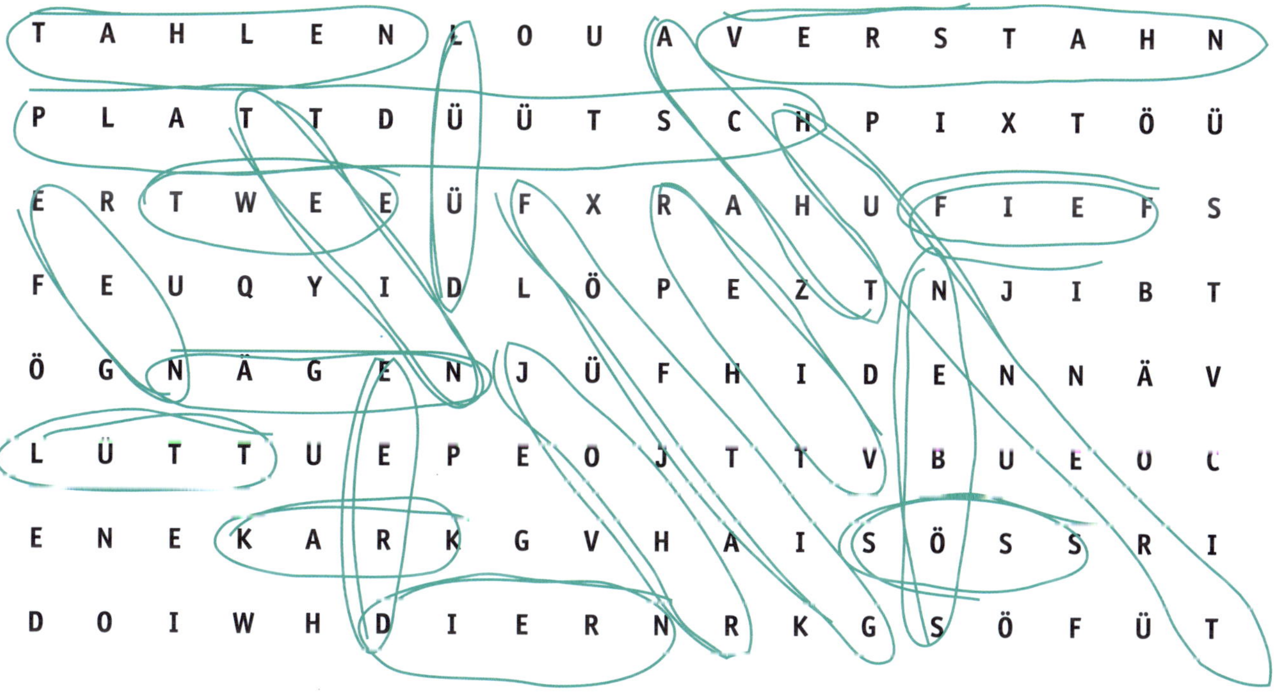

Seite 82

Goldene Peitsche

Seite 85

Dinkel

Seite 87

1	2	3	4	5	6	7	8	9	10	11	12	13
K	F	L	H	B	A	E	G	J	C	D	M	I

Seite 90

1	2	3	4	5	6	7	8
B	A	C	K	O	F	E	N

Seite 91

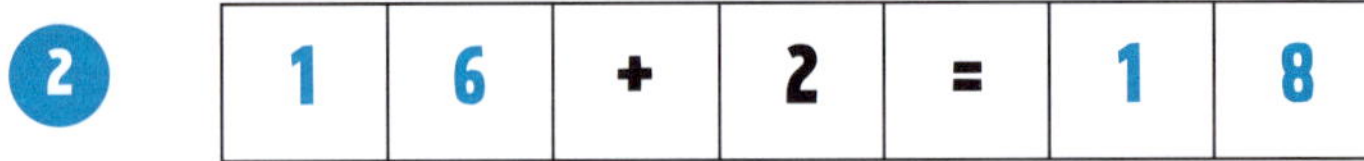

2

1	6	+	2	=	1	8

A	c	h	t	z	e	h	n

Seite 91

3

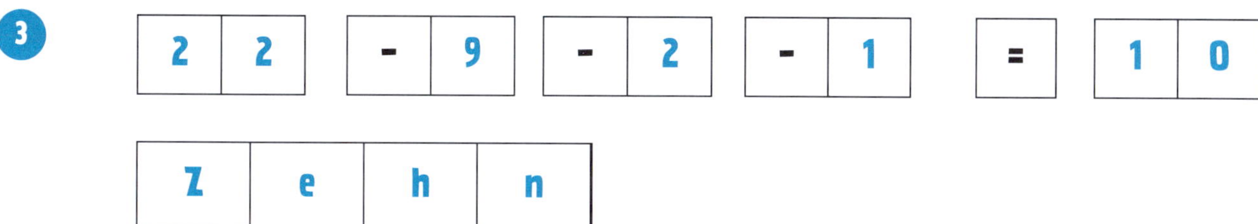

Seite 92

4

5

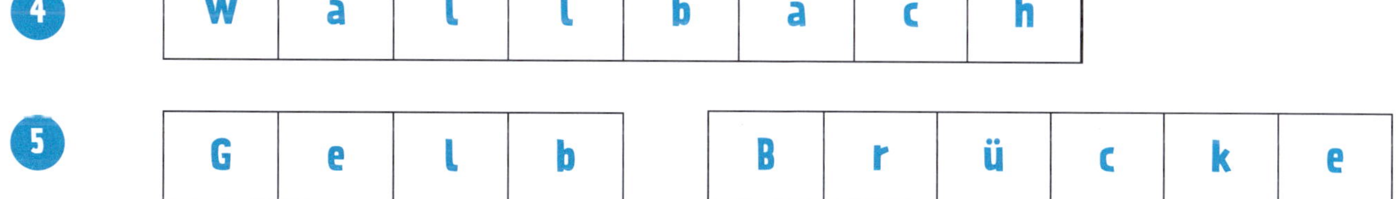

Seite 93

6

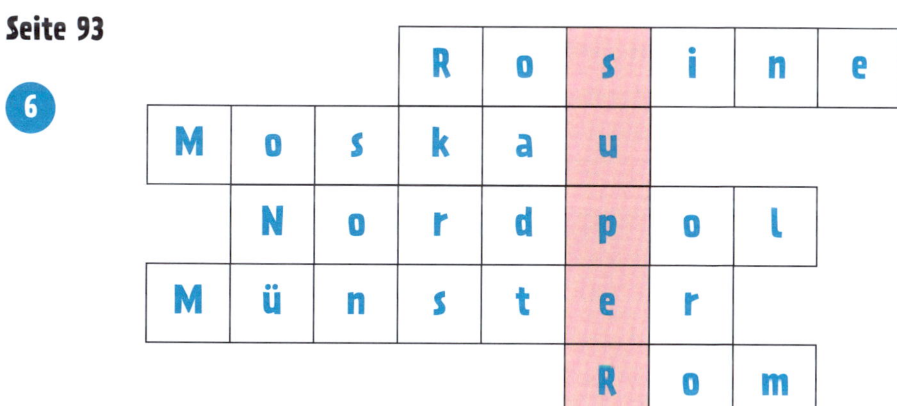

7

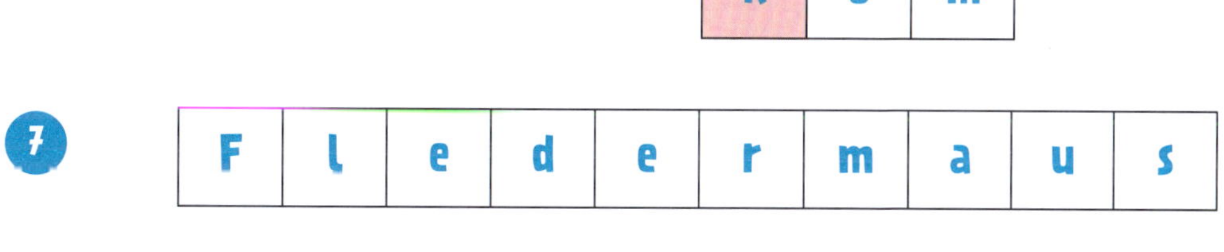

8

Z	i	t	r	o	n	e	n	m	e	l	i	s	s	e

Seite 97

8 Die Löcher in den Wänden des Münsters waren für die Balken der Baugerüste.

Seite 99

3 Bei Rot bleib stehen, bei **GRÜN** darfst Du gehen!

6 Zwiebel

3 Schneeglöckchen

9 49 : 7 + 33 – 25 : 3 – 5 = 0

Seite 108

1 **MOLLI**

2 **RENNBAHN**

3 **WASSERTURM**

4 **ROTER PAVILLON**

5 **ZISTERZIENSERKLOSTER**

Seite 101

					1.	B	l	u	t					
	2.	K	o	m	p	a	s	s						
		3.	Z	u	c	k	e	r						
				4.	K	l	a	v	i	e	r			
		5.	T	h	e	r	m	o	m	e	t	e	r	
6.	B	e	r	l	i	n								
				7.	Z	e	p	p	e	l	i	n		
		8.	A	n	t	a	r	k	t	i	s			
			9.	S	c	h	w	a	n					
	10.	H	e	r	i	n	g							

Seite 108

Wolf, Ziege und Kohlkopf: Zuerst rudert der Bauer die Ziege hinüber. Dann fährt er allein zurück und holt den Kohl. Die Ziege lädt er wieder ein und fährt mit ihr zurück auf die Seite, auf der der Wolf wartet. Dort lädt er die Ziege aus und den Wolf ein. Er bringt den Wolf zum Kohl, rudert allein zurück und holt die Ziege.